Ferdinand BRUNETIÈRE
DE L'ACADÉMIE FRANÇAISE

Éducation et Instruction

PARIS
LIBRAIRIE DE FIRMIN-DIDOT ET Cie
IMPRIMEURS DE L'INSTITUT, RUE JACOB, 56
1895

Éducation
et Instruction

TYPOGRAPHIE FIRMIN-DIDOT ET Cie. — MESNIL (EURE.)

ÉDUCATION

ET

INSTRUCTION

I

Éducation et *Instruction*, ces deux termes, — que l'on oppose et que, malheureusement, on n'a que trop de raisons d'opposer aujourd'hui l'un à l'autre, — ont longtemps été presque synonymes et, si l'ancienne langue ne les confondait pas, nous trouvons toutefois que nos vieux *Dictionnaires* les définissaient volontiers l'un par l'autre. A la vérité, d'une manière très générale, l'éducation s'entendait plutôt du gouvernement ou de la direction des mœurs, et l'instruction de la culture ou du développement de l'esprit; mais les deux mots s'équivalaient à peu près dans l'usage; et le classique *Traité des Études*, — que Rollin avait d'abord intitulé : *De la manière d'enseigner et d'étudier les belles-lettres par rapport à l'esprit et au cœur*, — en servirait au besoin de preuve. Nos pères, qui étaient gens de sens, n'auraient pas compris que l'on prétendît *élever* un enfant sans l'*instruire*, c'est-à-dire, et de mot à mot, sans le fournir, sans le munir, sans l'armer, — *instruere*, — des connaissances réputées nécessaires pour se conduire dans la vie; mais ils n'auraient pas admis davantage que l'on se proposât de l'*instruire* sans l'*élever*, c'est-à-dire qu'on lui mît une arme dans la main sans l'avertir à quelle occasion, dans quels cas, et surtout avec quelles précautions il en pourrait user. C'est ainsi qu'autrefois l'*Éducation* et l'*Instruction*, si elles se distinguaient l'une de l'autre, ne se séparaient pourtant pas, se soutenaient ou s'entr'aidaient, et, finalement, concouraient à l'unité d'un même résultat.

Comment donc et depuis quand la séparation s'est-elle opérée? Nous pouvons exactement le dire. C'est depuis que l'État, — voilà tantôt cent ans, — a cru devoir prendre à sa charge le fardeau de l'instruction publique. C'est depuis que les Encyclopédistes, ayant proclamé l' « excellence de la nature, » ont donné pour but à l'éducation de « développer toutes les puissances d'un être ; » comme si, parmi ces « puissances, » il n'y en avait pas de radicalement malfaisantes! Et c'est enfin depuis que le plus mal élevé de nos grands écrivains (1) a violemment désuni deux des choses

(1) Lorsque je nomme Rousseau « le plus mal élevé de nos grands écrivains », je n'ai pas le moins du monde l'intention d'outrager sa mémoire, qu'au contraire je me rappelle avoir plus d'une fois défendue contre d'injustes attaques, mais si jamais homme n'a sans doute été moins qualifié pour parler d'éducation que l'élève de son triste père et de la trop aimable Mme de Warens, on ne saurait se lasser de le redire. Son *Émile* a donc bien pu séduire quelques-uns de ses contemporains. Mais nous, qui connaissons les aveux des *Confessions*, nous ferions preuve aujourd'hui d'une coupable naïveté si nous demandions des leçons

les plus inséparables qu'il doive y avoir au monde : le droit de l'individu et celui de la société.

Quel est ou quel devrait être, en effet, l'objet propre de l'éducation? Si nous le demandons aux plus écoutés de nos pédagogues, ce serait, nous disent-ils, de former des hommes, et je le veux bien! mais en le disant ils n'oublient qu'un point : c'est qu'il y a beaucoup de sortes d'hommes. On peut se proposer de former des « athlètes; » on peut se proposer de former des « gens du monde » ; et si nous connaissions une manière infaillible de former des saint Vincent de Paul, évidemment on ne l'em-

de morale à l'homme dont le monstrueux et maladif égoïsme n'a peut-être eu d'égal que l'esprit d'inconscience ou d'impudeur avec lesquelles il s'en glorifie. Ce n'est pas là toutefois ce que je lui reproche le plus, et sa grande erreur est de n'avoir pas compris que, comme le dira plus tard Auguste Comte, il n'y a rien « d'individuel, excepté la force physique ». Nous ne sommes pas nés « pour nous », mais pour la société; et, à vrai dire, nous ne devenons ce que nous appelons « nous » qu'à l'aide, par le moyen, et grâce à la protection perpétuelle de la société.

ploierait pas quand on voudrait former des César ou des Napoléon, — qui ont aussi leur raison d'être. La vraie question est donc de savoir quelle sorte d'hommes nous voulons former, et, tout justement, c'est ici que la difficulté commence. Condorcet l'avait-il sentie, quand, — dans le premier de ses *Mémoires sur l'Instruction publique*, — il posait en principe que « l'éducation publique doit se borner à l'instruction? » Et il en donnait de fort bonnes raisons, parmi lesquelles je me contenterai de relever celle-ci, que « la liberté des opinions deviendrait illusoire si la société s'emparait des générations naissantes pour leur dicter ce qu'elles doivent croire » (1). Mais ce scrupule

(1) C'est un « lieu commun » que de vanter les *Mémoires* de Condorcet *sur l'Instruction publique*, et en effet ils méritent qu'on les loue. Mais ne pourrait-on pas prendre aussi la peine de les lire? On y trouverait d'excellentes choses; et, par exemple, les conseils que voici ne seraient-ils pas dignes d'être médités? « On a dit que l'enseignement de la constitution de chaque pays devait faire partie de l'instruction nationale. *Cela est vrai, sans doute, si l'on en parle comme*

fait voir trop de délicatesse! Nous pouvons bien regretter, — et personnellement je le regrette, — que l'éducation ne soit pas demeurée chose privée; nous ne pouvons pas faire qu'il n'existe une éducation publique et que, par conséquent, il y ait lieu de songer à l'organiser. Et j'admets, d'autre part, que la première vertu d'un programme ou d'un plan d'éducation soit la facilité même avec laquelle il variera selon les circonstances : il doit y avoir une manière de former des

d'un fait, si on se contente de l'expliquer et de la développer; si, en l'enseignant, on se borne à dire : « Telle est la constitution établie dans l'État, et à laquelle tous les citoyens doivent se soumettre. » *Mais si on entend qu'il faut l'enseigner comme une doctrine conforme aux principes de la raison universelle, ou exciter en sa faveur un aveugle enthousiasme qui rende les citoyens incapables de la juger... alors c'est une espèce de religion politique que l'on veut créer;* c'est une chaîne que l'on prépare aux esprits; et on viole la liberté dans ses droits les plus sacrés, sous prétexte d'apprendre à la chérir. » Je recommande ce passage de Condorcet à nos rédacteurs de *Manuels d'Instruction morale et civique.*

« soldats », et il doit y en avoir une autre de former des « marchands ». Mais ce programme ne saurait pourtant flotter toujours, et il faut qu'il contienne quelque chose de fixe. Nous plaindrons-nous éternellement de l'insuffisance actuelle de l'éducation, sans dire une fois de quoi nous nous plaignons? et réclamerons-nous à perpétuité des « chaires de pédagogie (1), » sans préciser ce que nous souhaitons qu'on y enseigne?

(1) La grande raison que l'on invoque pour l'établissement de ces « chaires de pédagogie », c'est, dit-on, que nos professeurs, s'ils connaissent admirablement l'art d'éveiller les esprits, ignoreraient entièrement celui de former les caractères. Et, en effet, quelques professeurs, dans l'Université même, comme s'ils ne voyaient dans leur tâche qu'une besogne ou un gagne-pain, se donnent des airs d'être au-dessus d'elle, n'en prennent que ce qui leur convient, et en délèguent le reste à de moindres seigneurs. Mais j'ose dire que c'est le petit nombre. J'ai passé jadis, comme tous les Français, par les mains de beaucoup de professeurs; et je crois en avoir connu de toute sorte. Il me serait difficile d'en nommer plus de trois qui ne fussent extrêmement différents du portrait que les amateurs de pé-

Non, sans doute; et d'autant que, pour le dire, nous n'avons besoin ni de méditations si profondes, ni surtout de tout cet appareil dont nos éducateurs s'embarrassent? Mais il suffit de considérer quelques-uns des objets que l'on a proposés à l'éducation, et, quelque divers qu'ils soient en apparence, ou même contradictoires, on reconnaîtra promptement ce qu'ils ont tous au fond de commun, — et d'un.

dagogie nous tracent, et, au contraire, d'une manière générale, tous les autres, s'ils ne pouvaient pas l'être à la manière d'un « père », n'étaient pas cependant moins soucieux de notre formation morale que de notre développement intellectuel, ou de notre « éducation » que de notre « instruction ».

On ne me fera pas croire aisément qu'il n'en existe plus de ce modèle, ou plutôt, — et depuis dix ans que j'enseigne à l'École normale, — j'ai des raisons de savoir qu'il y en a toujours. Et ces jeunes gens n'ont pas eu besoin qu'on leur enseignât la « pédagogie » mais ils l'ont eux-mêmes et d'eux-mêmes découverte ou retrouvée, si je puis ainsi dire, dans le sentiment de la dignité de leur profession. Ayons avant tout des professeurs qui ne songent qu'à professer, et moquons-nous de la pédagogie!

Par exemple, nous avons fait de grands efforts, en France, depuis quelques années, pour développer le goût des exercices qu'on appelle maintenant « olympiques ». Et, la remarque vaut la peine d'en être faite en passant, comme nous avions donc choisi, naguère, pour diminuer la part du latin dans nos classes, le moment même où les Allemands l'augmentaient dans leurs gymnases, nous avons choisi, pour acclimater chez nous le canotage et le *foot ball*, le temps précis où les Anglais, mieux inspirés peut-être, nous en dénonçaient à l'envi les effets désastreux « sur le moral et sur la santé des générations nouvelles (1) ». Mais ce n'est pas aujourd'hui le

(1) On a d'ailleurs et heureusement rabattu de cet enthousiasme brutal pour les exercices physiques. L'*Athlétisme* proprement dit ne compte plus, en France, que de rares partisans. Les physiologistes estiment avec Galien que la *Gymnastique* offre plus d'inconvéniens ou de dangers que d'avantages : *Gymnastica ad sanitatem periculosa est*. Et, quant aux *Exercices militaires*, le conseil municipal de Paris lui-même y a renoncé pour les enfans de ses écoles. « C'est que, comme

point; et tout ce que j'invite ici le lecteur à chercher avec moi, c'est la raison profonde, la raison secrète et comme inconsciente, ou à peine et confusément entrevue, de cet engouement pour « l'athlétisme ». Il n'en trouvera pas d'autre que le vague espoir d'améliorer la qualité de la race. « Plus le corps est faible, a dit quelque part Rousseau, plus il commande; plus il est fort, et plus il obéit. » Je n'en crois absolument rien! Des sens exigeans, et comme « surnourris », sont moins faciles à dominer que des sens paresseux et comme « spiritualisés ». L'athlétisme n'est point une école d'ascétisme. Quel rapport encore peut-il bien y avoir entre le nombre de livres ou de *pounds* que l'on pèse,

l'a fait observer un savant italien — Angelo Mosso, *L'Educazione fisica della gioventu* — les plus ardens révolutionnaires deviennent « conservateurs » quand il s'agit de l'éducation de leurs enfans... Les libres penseurs les plus déterminés ne confient pas volontiers leurs fils à un vieux sergent... Et l'instinct maternel se rend compte que l'idéal de l'école n'est pas de ressembler à la caserne. »

et la finesse ou la force de l'intelligence (1)? Mais ce qui est vrai, c'est que les enfans vigoureux deviennent des hommes robustes, et les hommes robustes engendrent des enfans vigoureux. Une race répare ainsi les pertes que le vice ou la maladie lui font subir par ailleurs. Elle se maintient, comme l'on dit. Elle entretient cette santé du corps qui est comme la base physique de son « indice » intellectuel, s'il n'en est pas la mesure. Elle soutient, en deux mots, son personnage historique. Qu'est-ce à dire, sinon que le développement de l'éducation physique n'a pas du tout pour objet le plaisir, ni même l'intérêt de la génération présente, mais celui de la génération future? On n'en méconnaît point les dangers ou même les ridicules. Mais on estime, et à bon droit, que

(1) Mais en revanche, et c'est l'une des raisons que l'on ne saurait trop faire valoir contre l'*athlétisme*, il y a des rapports certains et très étroits entre le développement du muscle, la grossièreté des manières, et l'épaississement de l'intelligence.

ni ridicules ni dangers n'en sauraient balancer l'intérêt supérieur, patriotique, national, humain même ; ou, en d'autres termes encore, on estime que le premier intérêt de la communauté française étant de durer et de se continuer comme telle, il n'y a pas lieu de s'arrêter à des inconvéniens *individuels* que compensent des gains *sociaux* (1).

Considérons maintenant une autre forme, ou une autre « idée » de l'éducation, la plus

(1) « La première condition pour réussir dans ce monde, a dit quelque part M. Herbert Spencer, c'est d'être un *bon animal* » ; et voilà sans doute une formule bien anglaise ! je veux dire une formule qui n'assigne à l'éducation physique d'autre ni plus lointain objet que l'intérêt de l'individu. Mais si l'on recherche les causes qui ont provoqué dans l'Europe contemporaine le renouvellement de l'éducation physique, c'est ailleurs qu'on les trouve; et les « gouvernemens » n'ont commencé de s'y intéresser qu'à mesure du développement du service militaire obligatoire. Quand ils ont cru voir dégénérer la race, et ainsi diminuer le nombre et la qualité physique des soldats, ils ont étudié les moyens d'améliorer les hommes. La question de l'éducation physique, en ce sens, n'est qu'une dépendance de la question plus générale de la *population*.

opposée qu'il se puisse à la précédente, et admettons que l'objet en soit de former des « gens du monde ». Quoique Fronsac et Lauzun soient morts, il ne manque pas d'esprits un peu superficiels pour qui le tout de l'éducation ne consiste, on le sait, que dans la politesse des mœurs, l'élégance des manières, et la courtoisie du langage. Quelques mères, beaucoup de mères, de bonnes mères n'y voient guère autre autre chose, et elles croient s'être acquittées de leur tâche quand elles ont fait de leur fils « un homme bien élevé ». Allez au fond de cette idée de l'éducation : qu'y trouverez-vous? Quelque chose de parfaitement analogue à ce que nous avons trouvé dans l'idée de l'éducation par « l'athlétisme ». Oh! assurément, il y a des différences, et je ne sais pourquoi j'imagine que Milon de Crotone devait être un homme assez « mal élevé ». Peu de boxeurs se sont acquis dans l'histoire une réputation de « gentleman » accompli. Mais quand la courtoisie du langage, la politesse des mœurs, l'élégance des manières, ne constitueraient pas à la longue, elles aussi, comme la vigueur du corps, des qualités de race, utiles, précieuses, nécessaires à entretenir; — quand elles ne nous serviraient pas à nous donner les uns aux autres l'illusion de ce que nous devrions être en réalité; — quand cette politesse, en passant de leurs manières dans les œuvres de nos écrivains, n'aurait pas contribué pour sa part à la fortune universelle de notre littérature française; — il resterait toujours qu'un « homme bien élevé », c'est celui qui se gêne ou qui se contraint pour les autres.

L'idée de quelque contrainte fait donc encore ici partie de la notion même de l'éducation. En ce sens, « élever » quelqu'un, c'est l'habituer à réprimer ceux de ses mouvemens, à retenir celles de ses paroles, à garder pour lui ceux de ses sentimens qui pourraient contrarier, effaroucher, ou blesser les autres (1).

(1) « *Manners Makyth Man :* ce sont les bonnes manières qui font l'honnête homme », lit-on inscrit au fronton de je ne sais quel vieux collège anglais.

Un intérêt général, qui est ici l'intérêt du « monde », est donc reconnu comme supérieur à celui de l'individu, comme assez important pour que chacun de nous y subordonne sa « nature; » et nous aboutissons à la même formule : contrainte *individuelle* en vue d'un gain *social.*

Ai-je besoin d'insister, et de multiplier les exemples? Former un « citoyen » ou former un « soldat », — je dis bien les former, et non pas les dresser, — c'est leur apprendre l'art de subordonner quelque chose d'eux-mêmes et de leurs « droits naturels, » aux intérêts ou aux droits de la communauté. Pas d' « armée », pas de « patrie », pas de « société » sans cela! Mais c'est aussi pourquoi, tout le reste n'étant que secondaire et comme accidentel, nous pouvons dire avec assurance que l'objet fixe de l'éducation est de substituer en tout homme le pouvoir agissant des « mobiles sociaux » à l'impulsion native, — et toujours assez énergique, — des « mobiles individuels ». On peut d'ailleurs discuter la nature et l'étendue des droits de la société, ou de la patrie même. On peut discuter la question de savoir si, n'existant qu'en elles et que pour elles, nous ne devons vivre aussi que pour elles. On peut se demander s'il est vrai que nous leur appartenions avant de nous appartenir. Et ce sont de graves problèmes! que nous nous garderons bien de trancher comme à la volée. Mais il n'en est pas moins certain qu'en tout temps, sous toutes les latitudes, ce sont bien les intérêts permanens de la patrie ou de la société qui déterminent ou qui règlent, et qui doivent régler la matière de l'éducation publique. La patrie et la société ont le droit de nous « élever » pour elles, ou plutôt elles y sont obligées, puisqu'elles ne peuvent elles-mêmes subsister qu'à cette condition (1).

(1) On m'a fait observer à ce propos que je paraissais être sous l'influence des idées de Lamennais; et je n'en disconviens pas, si l'on prend cet aveu pour une manière de rendre hommage à l'illustre auteur de l'*Essai sur l'indifférence en matière de religion.*

Mais, les idées de Lamennais sur ce que l'on pour-

Il en résulte, premièrement, qu'entre l'éducation et l'instruction, s'il y a d'ailleurs de nombreux rapports, ces rapports n'ont rien de constant ni surtout de nécessaire.

rait appeler le fondement de l'idée de patrie ou de société, ce sont aussi bien les idées de Joseph de Maistre, et surtout de Bonald; ou encore, ce sont les idées de Fichte dans ses *Discours à la nation allemande*, que l'on vient de traduire en français; et généralement, ce sont les idées de tous ceux qui, ne pouvant faire consister uniquement la patrie ni dans l'unité de territoire, ni dans la langue ou dans la race, — voyez à cet égard les Polonais et les Russes, — ni dans la littérature enfin, y mêlent bien à la vérité quelque chose de tout cela, mais ne la reconnaissent que dans une communauté de traditions, de souvenirs, et de vœux. « Car l'homme ne peut s'aimer lui-même, — c'est à Fichte que je passe la parole, — et, bien plus! il ne peut s'estimer ni s'approuver lui-même. Il peut encore moins aimer quelque chose hors de lui, à moins qu'il ne le saisisse dans l'éternité de son caractère et le fixe ainsi à cette éternité. Quiconque ne se considère pas avant tout comme éternel, ne peut avoir l'amour, et ne peut aimer la patrie. Quiconque considère comme éternelle sa vie invisible... peut avoir un ciel et dans ce ciel une patrie, mais il ne saurait posséder la patrie d'ici-bas... il ne peut aimer sa patrie... Il en a été ainsi de tout temps... D'où venait donc l'enthousiasme

L'optimiste le plus déterminé que je connaisse au monde, — c'est l'excellent sir John Lubbock, l'auteur du *Bonheur de vivre* (1), —

du caractère romain?.. cet enthousiasme qui les poussait à tout endurer et à tout souffrir pour la patrie? Tout le proclame : c'était leur croyance ferme en l'éternelle durée de leur Rome, leur esprit toujours en éveil pour prolonger son existence dans le cours des âges. »

Et voilà en effet, dans le sens le plus large du mot, l'objet de l'éducation. Si la tendance instinctive des égoïsmes vers la satisfaction d'eux-mêmes menace perpétuellement de dissoudre la communauté, l'objet le plus élevé de l'éducation est de la rétablir d'âge en âge, d'en resserrer étroitement les liens, d'en inspirer le respect, l'amour et la religion. L'éducation devient ainsi la condition même d'existence de l'idée de patrie, et c'est ce qui explique l'importance des moindres questions qui s'y rattachent. C'est ce qui explique aussi qu'en dépit de tant d'autres considérations, on hésite à en déposséder l'État.

(1) Le *Bonheur de vivre* est un de ces livres dont on ne saurait trop conseiller la lecture à tous les pessimistes... pour les enfoncer dans leurs convictions; et à tous les optimistes aussi, pour les dégoûter de la vulgarité de leurs doctrines. Je ne crois pas en effet que la joie d'être au monde se soit manifestée jamais ni nulle part plus douloureusement; et Béranger lui-

communiquait, l'année dernière, au Congrès de sociologie, je ne sais quelle statistique d'où il semblait ressortir que « le progrès de l'instruction et celui de la moralité allaient de pair en Angleterre. » Heureuse Angleterre! dirons-nous donc, et surtout heureux accident! car la statistique n'a rien découvert de semblable ni en France, ni nulle part ailleurs, en Allemagne ou en Amérique (1). Là, au contraire, nous voyons que de grands ignorans, qui ne savent ni l'antiquité ni les sciences, ni les langues, ni même l'orthographe, n'en sont pas moins de fort honnêtes gens. Inversement, nous constatons que toute leur instruction n'a pas préservé quelques malheureux des pires défaillances, et ni brevets, ni diplômes ne les ont empêchés de succomber aux plus vulgaires tentations. Un pessimiste ajouterait-il

même, notre Béranger! avec son *Dieu des bonnes gens*, est un émule de Schopenhauer et de Leopardi en comparaison de l'excellent sir John Lubbock, M. P.

(1) Elle aurait même plutôt découvert ou démontré le contraire.

qu'en plus d'une occasion le criminel ne s'est servi de son instruction que comme d'un moyen plus facile ou plus sûr de commettre son crime? Il le pourrait, au moins! et je m'empresse aussitôt de dire que cela ne prouve rien ni contre l'instruction, ni contre l'utilité de la répandre et de l'étendre, mais cela semble prouver qu'elle n'a que des rapports lointains ou irréguliers avec l'éducation; — et ce n'est pas une petite affaire que de les régulariser.

C'est qu'aussi bien l'instruction, telle que nous la comprenons de nos jours, n'a plus du tout pour objet la culture désintéressée ni, comme on disait jadis, l'enrichissement ou l'ornement de l'esprit, mais la seule utilité de celui qui s'instruit. On n'étudie plus le latin « pour le savoir », mais pour passer des examens, ou quelquefois « pour l'enseigner », ce qui n'est, après tout, qu'une manière de s'en servir. Supposé qu'il ne servît plus à rien d'immédiat, d'effectif et de pratique, on ne l'étudierait plus. Reportez-vous, là-dessus, au livre célèbre de Raoul Frary : *La Question du latin;* et mesurez, depuis dix ans, ce que nous avons fait de progrès en ce sens (1). Pareillement, et de quel-

(1) J'ai dit ailleurs ce que je pensais de ce livre, que j'appelais alors le livre d'un barbare, et je ne m'en dédis certes pas, mais je n'y reviens point ici. On trouvera un magnifique éloge de la langue latine dans le livre *du Pape*, de Joseph de Maistre. Je n'y ajouterai qu'un mot, qui est que, si l'étude du latin a quelque chose pour elle, — et surtout dans une démocratie, — c'est son « inutilité » même, j'entends son « inutilité » pratique, l'impossibilité de s'en faire des rentes, et de la monnoyer. Oui, je lui savais gré, quand elle faisait le fond de notre enseignement secondaire, de ne mener à rien, — pas même à savoir le latin ! Mais elle occupait le temps que l'on emploie maintenant à s'indigérer de notions prétendues scientifiques; elle assouplissait les esprits, si elle ne les ornait pas toujours; elle retardait le moment de se « spécialiser, » qui est toujours celui de rétrécir ou de borner nos horizons; et elle servait puissamment l'éducation morale en détachant l'enfant de la préoccupation des intérêts matériels. Le grec était bien moins utile, parce que les Grecs ont pu avoir d'autres dons, plus éminents et plus rares; ils n'ont pas eu, au même degré que les Romains, le sentiment de la Patrie, de l'État et du Droit.

que illusion que l'on se flatte soi-même, on n'étudie pas la physique ou la chimie pour le plaisir philosophique de connaître « les secrets de la nature, » mais uniquement pour s'en faire un moyen d'existence, et, s'il se peut, une supériorité dans la lutte pour la vie. C'est comme si nous disions que, de toutes les obligations que la société nous impose, l'instruction n'en reconnaît qu'une, qui est celle d'être chacun les artisans de notre propre fortune. Son idéal est de nous procurer des moyens de parvenir. S'il y en a de plus sûrs que d'autres, son unique souci n'est que de les substituer aux anciens. Et je ne l'en blâme ni ne l'en loue, pour le moment; mais je constate; et je dis que tout ce que l'on fait, tout ce que l'on pourra faire *pour* l'instruction ainsi comprise, on le fera *contre* l'éducation.

Car ce que l'on développe d'abord ainsi, c'est l'esprit d'individualisme; et, la considération du succès dominant toutes les autres, il ne saurait plus être question de rien sacrifier. Un moraliste a dit qu' « il ne fallait pas arranger pour soi seul les affaires de sa vie! » Quelle erreur était la sienne! Il raisonnait, en vérité, comme si chacun de nous n'était pas pour soi le centre du monde, et que sa principale affaire ne fût pas de développer « toutes les puissances de son être! » N'en avons-nous pas le droit, puisque nous les trouvons en nous, ces puissances, et qu'apparemment la nature ne les y a pas mises en vain? Nous en avons même le devoir, puisque la seule chose qui importe, c'est de faire son chemin, ou, pour parler plus exactement, sa « trouée » dans le monde. Et qui sait, — ajoute-t-on, — qui sait si, de tous les services que les autres attendent de nous, celui-ci n'est pas justement le plus grand que nous leur puissions rendre? Quand il lui ferait produire des millions pour lui-même, une découverte scientifique finit toujours par profiter à l'humanité tout entière autant ou plus qu'à son inventeur; et pareillement, le surcroît de valeur que nous nous donnons à nous-mêmes finit par devenir un gain pour toute la société! Tandis qu'ils ne songent, l'un qu'à faire fortune et l'autre qu'aux intérêts de son amour-propre ou de « sa gloire », les opérations de l'industriel enrichissent, et les œuvres de l'artiste honorent tout un pays (1)! Songeons

(1) C'est ici, comme on le sait, le grand argument de l'*individualisme;* et je n'en méconnais pas la valeur. Mais pour pouvoir être « l'artiste » ou « l'industriel » que nous disons, dont les opérations enrichissent ou dont les œuvres honorent tout un grand pays, je voudrais que l'on songeât qu'il faut d'abord que ce pays existe. En d'autres termes, on voit ici que nous ne pouvons nous appliquer à la culture de notre *Moi* qu'avec la complicité de la patrie ou de la société tout entière; et tandis que nous « étudions » ou que nous « pensons » il en faut, au-dessus, autour, et au-dessous de nous, d'autres qui « travaillent » pour nous. C'est ce que voulait dire un philosophe aujourd'hui trop oublié, Pierre Leroux, quand, aux environs de 1840, il inventait le mot de *Socialisme,* pour l'opposer précisément à celui d'*Individualisme;* et on ne saurait trop regretter que le mot ait dégénéré de sa signification primitive. Une fortune bizarre a voulu qu'il devînt, oserai-je le dire? le synonyme de son contraire et, en effet, qu'est-ce que réclament la plupart de nos socialistes, sinon la constitution d'un état idéal où, n'ayant plus de devoirs

donc à nous d'abord, et aux autres ensuite. Est-ce qu'en effet les autres se gênent ou se contraignent pour nous? est-ce qu'ils n'usent pas contre nous de tous leurs avantages? est-ce que ce ne serait pas une duperie que de ne pas les imiter? Il faut l'avouer : telles sont bien les leçons qui se dégagent de tous nos programmes, de toutes nos méthodes. La culture intensive du Moi en fait le premier et le dernier mot. Nos programmes d'instruction ne visent qu'à nous rendre chacun le plus fort ou le plus habile au jeu de la concurrence vitale. C'est exactement le contraire de ce que se proposait l'éducation; — et si son objet était de substituer, comme nous l'avons dit, le pouvoir des mobiles sociaux à celui des mobiles individuels, tout au rebours, l'instruction, telle qu'on la donne, ne semble avoir pour but que d'assurer la victoire des mobiles individuels sur les mobiles sociaux.

D'un autre côté, si l'objet de l'éducation

à remplir envers personne, chacun de nous sera libre de ne songer désormais qu'à soi.

était aussi de mettre parmi les hommes, en les obligeant à des concessions réciproques, une apparence au moins de paix et de concorde, qui ne voit que, telle qu'on la donne, l'instruction ne saurait aboutir qu'à favoriser un esprit de contention et de lutte? « Que faire dans cette foule d'hommes à chacun desquels on a dit dès l'enfance : Sois le premier! » Ainsi s'exclame quelque part Bernardin de Saint-Pierre, et il y a bien quelque vérité dans ce cri. L'émulation a-t-elle d'ailleurs produit de si mauvais effets dans nos collèges? et si l'on supprimait demain le *Concours général*, est-on bien sûr que les choses en iraient beaucoup mieux? Si les hommes sont de « grands enfans », les enfants sont de « petits hommes »; et nous avons besoin de hochets à tout âge!

Aussi, ce qui me paraît beaucoup plus dangereux, est-ce d'avoir organisé l'instruction de telle sorte que la vie même y soit présentée comme un perpétuel combat de chacun contre tous. La faute en est-elle à

Darwin? C'est ce que je n'examine point aujourd'hui, me réservant de traiter à son tour cette question de la moralité de la doctrine évolutive (1). Mais en attendant, si le

(1) J'ai depuis lors essayé d'acquitter cette promesse, et je crois avoir montré — voyez la *Revue des Deux Mondes* du 1er mai 1895 — que, bien loin d'impliquer les conséquences que l'on en tire d'ordinaire, la doctrine de l'évolution avait au contraire :

1° Ruiné la théorie ou l'hypothèse de la bonté naturelle de l'homme; — car comment serions-nous bons, naturellement bons, si notre sang charrie, pour ainsi parler, dans nos veines, les instincts de la brute dont nous descendons?

2° Elle a également porté un coup mortel à une doctrine dont on a vainement essayé de la rendre solidaire : c'est la doctrine du *Progrès continu;* — car comment expliquerait-on, je ne dis pas la dégénérescence, qui est toujours contestable, mais la disparition de certaines espèces, si le mouvement de l'évolution ne tendait qu'à leur perfectionnement? Ce serait être trop « pessimiste, » à ce coup, que de voir dans le néant le comble de la perfection!

3° Enfin la doctrine de l'évolution a réintégré dans la science même, et par conséquent dans la philosophie, cette idée de *Cause finale* que l'on en avait expulsée sans droit et qui est indispensable à l'édification d'une

conseil que l'on donne le plus fréquemment à la jeunesse est celui de « faire son chemin ; » — si, ce que l'on efface tous les jours de nos anciens programmes d'instruction, ce sont toutes les matières dont l'utilité n'a pas quelque chose d'évident, ou plutôt de *tangible* ; — si nous habituons enfin nos élèves à considérer l'instruction comme une arme enchantée dont la possession leur garantirait la certitude de la victoire, ne nous étonnons pas qu'à mesure que la part de l'instruction augmente, celle de l'éducation diminue.

Telles, en effet, que nous venons d'essayer de les définir, il est clair que l'éducation et l'instruction non seulement n'ont plus de rapports entre elles, mais elles sont devenues la

morale quelconque. Comment en effet nous imposerait-on, nous conseillerait-on seulement de nous conduire d'une manière plutôt que d'une autre, sans nous en donner des « raisons » ? et comment nous en donnerait-on si l'on ne commençait par se faire une certaine conception de l'objet de la vie ? La vraie idée d'une *Cause finale* est celle d'un tout dont la réalisation future détermine l'évolution graduelle de ses parties.

sourde et dangereuse contradiction l'une de l'autre. Tandis que l'éducation continuait, par un reste d'habitude ancienne, de tendre au progrès pacifique de l'institution sociale, au contraire, l'instruction ne tendait, de toutes les manières, qu'au progrès de l'individualisme. Bien loin de s'aider ou de se soutenir comme autrefois, elles se séparaient tous les jours plus profondément l'une de l'autre ; le fossé se creusait entre elles ; et, s'il nous en faut croire les plaintes ou les avertissemens qui se font entendre de toutes parts, nous en sommes venus au point que l'on désespère aujourd'hui de les réunir (1).

Ce n'est pas une raison de ne pas l'essayer. *Sublata causa, tollitur effectus*, dit un ancien adage : quand on connaît la cause du mal, c'est une chance au moins que l'on a d'en trouver le remède ; et Claude Bernard a fondé là-dessus toute la « médecine expéri-

(1) La plainte est effectivement universelle, et peut-être se rappellera-t-on que la tribune même en a retenti.

mentale ». Sachant comment s'est opéré le divorce actuel de l'éducation et de l'instruction, peut-être avons-nous dans cette connaissance même quelque moyen de les rapprocher, sinon encore de les réunir. Puisqu'on avoue que « la qualité de l'instruction ne s'accroît pas avec la quantité », comme aussi que « l'instruction ni n'implique ni ne contient l'éducation », c'est d'ailleurs un grand point de gagné. Pour en gagner deux ou trois autres, il nous faut préciser encore davantage, et dire maintenant quelles causes plus particulières ont, de notre temps, aggravé ou accéléré les effets de la cause plus générale que nous venons de mettre en évidence.

II

« Je n'exagère pas en affirmant qu'il n'y a pas un de nos économistes du XVIIIe siècle qui n'ait fait dans quelque partie de ses écrits l'éloge de la Chine... Ce gouvernement imbécile et barbare... leur semble le modèle le plus parfait que puissent copier toutes les nations du monde... Ils se sentent émus et comme ravis à la vue d'un pays dont le souverain absolu, mais exempt de préjugés, laboure une fois l'an la terre de ses propres mains..., *où toutes les places sont obtenues dans des concours*... qui n'a pour religion qu'une philosophie, et pour aristocratie que des lettrés. » C'est Tocqueville qui s'exprime ainsi dans un des plus curieux et des plus pénétrants chapitres de son *Ancien régime*. Otez le « souverain absolu », — ou, si vous le voulez, appelez-le du nom de « suffrage universel », — n'est-ce pas encore aujourd'hui l'idéal de quelques-uns d'entre nous (1)? et quels cris ne pousserions-nous pas, tous ensemble peut-être, s'il était question, non pas même d'abolir, mais de modifier un peu profondément le régime des concours! Le concours est en France le « palladium » de l'égalité! Comme les Chinois, nous avons mis le concours à l'entrée de toutes les carrières publiques, ou de presque toutes, — en attendant que l'on nomme les députés eux-mêmes ou les ministres au concours, — et, parmi les « conquêtes de 1789 », je n'en vois guère à laquelle nous tenions tous plus et plus fermement qu'au concours, comme les Chi-

(1) Les choses n'ont un peu changé que depuis que le Chinois s'est fait battre par le Japonais; et avec cette basse admiration du succès qui n'est pas le moindre défaut des démocraties, il ne faut pas désespérer que nous demandions quelque jour des leçons aux peuples du Nippon... A moins qu'à son tour la Chine ne reprenne l'avantage, et les batte.

nois. Les plus téméraires de nos réformateurs, ceux qui ont le plus médit des « examens » en général et du « baccalauréat » en particulier, qui n'est pas un concours (1),

(1) Il y aurait beaucoup à dire, si j'en avais la place en cet endroit, sur les vraies raisons de la campagne que l'on mène contre le « baccalauréat »; et je l'essaierai peut-être quelque jour. Mais en attendant, et sans faire tant de bruit de la composition des programmes, la vraie question du « baccalauréat » est de savoir si l'on admet ou non que l'État exige des garanties à l'entrée des carrières dont il ouvre ou ferme l'accès. Je ne pense pas qu'il y ait deux réponses à la question proposée en ces termes. Si l'on abolissait demain le « baccalauréat », nos professeurs de faculté seraient donc soulagés de la plus ingrate partie de leur tâche, mais il faudrait après-demain le rétablir sous une autre forme, et on ne voit pas bien ce que le pays y gagnerait.

Je ne crains pas d'ajouter que, dans l'état présent des choses, les élèves de nos établissements d'instruction secondaire n'ont point à s'inquiéter de « préparer le baccalauréat »; car enfin qu'est-ce que le baccalauréat, et quelle mystérieuse préparation veut-on nous faire croire qu'il exige? Une composition française, discours ou dissertation, une version latine, une version allemande ou anglaise ne sont-ils pas les exercices mêmes de nos classes de troisième, de seconde, de rhétorique?

semblent avoir tous respecté le principe du concours ; et je ne dis pas qu'ils aient eu tort d'agir ainsi, par politique, pour ne pas demander trop de choses à la fois, et parce que l'idée même du concours est devenue comme inséparable de la notion même de la démocratie ; mais il faut cependant savoir que, si quelque cause plus particulière a nui chez nous au progrès de l'éducation, c'est assurément et en premier lieu la superstition ou l'idolâtrie du concours.

Ce n'est pas seulement qu'elle entretienne chez la jeunesse une fièvre ou, pour mieux

et sur quelles matières interroge-t-on donc à l'oral qui ne soient la matière quotidienne des entretiens du professeur et de ses élèves? J'ai préparé moi-même autrefois des bacheliers; ce n'était pas dans nos lycées; et je dois dire que je n'ai jamais connu d'autres moyens que de leur faire des classes comme on en fait des lycées. Ils faisaient des compositions latines ou françaises, je les leur corrigeais, nous expliquions du grec, du latin, du français, ils tâchaient de se mettre dans la mémoire leur histoire et leur géographie... Que trouve-t-on là d'artificiel, d'illégitime et d'abrutissant?

dire, une fureur d'émulation dont on a maintes fois signalé les déplorables conséquences (1). Tout le monde sait, — nous le faisions tout à l'heure observer, — que, de dix-huit à vingt-cinq ans, les jeunes Français ne travaillent qu'à s'éliminer les uns les autres du champ de la « lutte pour la vie »; on les y encourage; et tant pis pour les traî-

(1) On conçoit aisément qu'il n'en est pas du « Concours » comme du « baccalauréat », et qu'il exige une « préparation ». Toutes les plaintes que l'on ne fait donc du baccalauréat qu'en y mêlant, comme nous avons dit, un peu de vérité à beaucoup d'exagération, c'est du concours que l'on a le droit de les faire; et ce n'est pas la classe de rhétorique ou la classe de philosophie que l'on devrait attaquer si l'on était logique, ce sont les classes de mathématiques spéciales. C'est en effet là qu'il n'est pas question d'apprendre, mais uniquement de savoir, et qu'en dehors des matières du programme élèves et professeurs sont nécessairement amenés à ne se soucier de rien. Je n'ai pourtant pas entendu dire qu'il ait sérieusement été parlé de trouver entre le ministère de l'instruction publique et celui de la guerre un accommodement ou une transaction sur les programmes de Saint-Cyr ou de Polytechnique!

nards ou les retardataires! Mais, comme le concours n'a lieu qu'entre des intelligences, il ne fait donc connaître aussi que la valeur intellectuelle des concurrents; et voilà ce qu'il y a de grave. Car, en mettant les choses au mieux, et en supposant que le succès ne soit pas un effet, — comme après tout on l'a vu quelquefois, — du hasard ou de la fortune, le vainqueur du concours est donc « plus intelligent » que les vaincus : en est-il pour cela « plus moral? » Il a l'intelligence plus ouverte ou plus vive, et la mémoire plus tenace, ou la parole plus facile : en a-t-il pour cela le caractère mieux trempé? C'est ce que ses « compositions » ne sauraient nous apprendre, ni même son « oral ». Nous avons constaté qu'il avait quelque teinture d'histoire ou de physique : nous ne savons pas s'il a quelque idée de la justice ou de la charité. Le volume du tronc de cône ou la préparation du phosphore n'ont plus de mystères pour lui : nous ignorons s'il a jamais entendu parler de dévoûment ou d'abnégation. Disons enfin le mot, il a de l'instruction : de quelle manière et pour quelle fin en usera-t-il? Ne craignons pas de le répéter : si c'est là ce qu'il y a de grave, c'est justement aussi ce que favorise le principe du concours (1). Grâce au concours, on a poussé très loin l'instruction dans tous les genres, mais l'éducation manque de sanction immédiate et pratique. Ayez-en ou n'en ayez pas, c'est exactement la même chose, puisque la valeur morale ne comporte ni cotes ni coefficients. Pas plus que l'examinateur, le professeur n'a donc à s'en soucier. Qui voulez-vous alors qui s'en soucie? Ce ne sera même pas la famille, — dont la bonne volonté redouterait d'entraver la préparation du concours; — et quand elle a réussi à « caser » son enfant, elle s'en remet à la vie de lui apprendre à vivre.

(1) Mais figurez-vous un peu les clameurs que l'on pousserait si, pour essayer de porter remède à ce danger, quelqu'un osait un jour proposer d'attribuer une « note » ou une « cote » à l'origine, à la famille, à la situation sociale des concurrens!

Il ne sera certainement pas facile d'atténuer les dangers des concours ! mais peut-être eût-on pu ne pas les aggraver à plaisir, et c'est ce qu'on a fait en augmentant, en surchargeant, en alourdissant les programmes à l'infini. La faute en est, dit-on, aux circonstances, plus fortes que les bonnes volontés ; aux progrès mêmes de l'instruction ; aux exigences des services publics ; à la nécessité, — qu'on n'avoue pas, mais qu'on subit, — de diminuer le nombre des candidats, en les décourageant (1). Quoi donc ! céderons-nous

(1) Il y a d'ailleurs encore un peu d'exagération dans ce que l'on dit de la surcharge des programmes, et d'une manière générale les difficultés des concours ne procèdent pas tant de la quantité des matières que du nombre des concurrens et de leur *force* relative. Le baccalauréat, la licence ès-lettres et l'agrégation en sont de bons exemples, qui roulent sur les mêmes auteurs grecs, latins, français ; qui comportent à peu de chose près les mêmes compositions ; et qui ne diffèrent, en fin de compte, que par les exigences des juges du concours. C'en est même le grand défaut à quelques égards. On ne saisit pas bien la différence qu'un correcteur peut apercevoir entre une composition

toujours aux circonstances, et n'essaierons-nous pas de lutter au moins contre elles, sinon de les vaincre et de les dominer? L'art de la politique et celui de l'administration se réduiraient à trop peu de chose s'ils ne consistaient que dans une espèce de résignation musulmane aux circonstances! Toute une partie du gouvernement n'a pas d'autre ni de plus important objet que de leur résister, ou de les diriger, ou de se les adapter au lieu de s'adapter à elles. Si nos programmes sont trop chargés, vainement donc nous répétera-t-on, avec des regrets ou des sanglots dans la voix, qu'on n'y saurait que faire; et il faut qu'on les allège. Les intérêts de l'instruction ne sont pas ici seuls en cause; il y en a de non moins importants dont il

française de licence, et une composition d'agrégation; et quand on suit ou qu'on accompagne un jeune homme de la préparation de sa licence à celle de son agrégation, on a un peu le sentiment de piétiner avec lui pendant deux ans sur place, ou de tourner dans le même manège. Il y aurait lieu de refondre le programme de l'agrégation des lettres.

faut aussi qu'on tienne compte; et c'est ce qui m'amène à parler de ce que l'on a fait pour l'instruction, aux dépens de l'éducation, en organisant jadis le Conseil supérieur actuel de l'Instruction publique (1).

Dans l'ancien Conseil, — celui de 1850 et 1873, — des magistrats, des militaires, des conseillers d'État « en service ordinaire », des administrateurs, des évêques, des pasteurs siégeaient aux côtés des représentants naturels de l'instruction publique. C'était comme si l'on eût dit qu'avant d'être une question, « professionnelle » la question de l'instruction publique était une question « sociale ». Et qui de nous, en effet, pourrait s'en désintéresser? De quelque manière que l'on définisse l'école ou le collège, nous avons l'obligation de nous inquiéter pour quelle fin, dans quel esprit, et comment on les organise. Il ne saurait être indifférent à personne de connaître au juste ce que l'on y

(1) Cette organisation ou réorganisation est l'œuvre, comme l'on sait, de ce sectaire de Jules Ferry.

enseigne, pour quelles raisons, et quelles en peuvent être les suites. C'est ce que je tâcherais de montrer, si je ne l'avais fait il y a tantôt quinze ans, et puis, et surtout si l'on ne l'avait fait ailleurs, et bien plus éloquemment que je ne le saurais faire. « Pour préparer les jeunes gens aux épreuves de la vie, — disait le duc de Broglie à la tribune du Sénat, dans la séance du 24 janvier 1880, — vous croyez que vous n'avez rien à apprendre de ceux qui ont traversé ces épreuves et les ont victorieusement surmontées? Vous croyez que, pour former les vertus militaires du soldat, vous n'avez rien à apprendre du général qui a gagné ses grades sur les champs de bataille? Vous croyez que, pour former l'intégrité du juge, vous n'avez rien à apprendre du magistrat qui a blanchi sous le harnais? Vous croyez que, pour former la probité du commerçant, vous n'avez rien à apprendre de celui qui a conquis à la fois la fortune, le crédit, et la considération par le travail? » Et ailleurs : « Mais ce n'est pas tout, et il ne faut pas songer uniquement aux connaissances qui sont nécessaires pour les diverses professions. Il y a encore et surtout les vertus, les qualités morales qui sont nécessaires aussi dans chacune de ces professions... Puis il y a aussi les qualités et les vertus générales qui conviennent à tous les états et à toutes les professions ; il y a à former le caractère, l'énergie de la volonté, le sentiment du devoir : à inspirer l'esprit de dévouement et d'abnégation, de sacrifice et de travail. Il y a à la fois une éducation professionnelle et générale que vous devez donner à la jeunesse, — et auprès desquelles l'instruction, quelque importance qu'elle ait, et que nous lui reconnaissons, n'est pourtant qu'une considération secondaire et inférieure. » M'accusera-t-on de médire du Conseil supérieur de l'Instruction publique, si j'ose avancer que les professeurs qui le composent, et parmi lesquels il y en a d'éminents, n'ont pas toujours ainsi compris leur rôle, ni peut-être ne pouvaient ainsi le comprendre? Le Conseil actuel n'est formé que de représentans de l'instruction publique, tous et naturellement beaucoup plus soucieux des intérêts de l'instruction que des questions « sociales ». S'ils peuvent avoir des clartés de tout, ils n'ont de compétence indiscutable que comme professeurs; et, rien de mieux, s'il ne s'agissait que de former des professeurs; mais quoi! c'est du régime entier de notre éducation nationale qu'ils décident (1).

(1) Je n'insiste pas sur la fiction bizarre ou mensongère, pour l'appeler de son vrai nom, en vertu de laquelle on a tenu à faire figurer dans le Conseil quelques représentants de l'enseignement primaire. Si l'on a pu croire qu'ils y exerceraient la moindre influence, dans quel autre Conseil s'est-on avisé de faire figurer leurs « analogues »? Il n'y a pas de représentant de la maistrance au Conseil des travaux de la marine, et je ne sache pas qu'il y ait de représentant des sous-officiers au Conseil supérieur de la Guerre. Mais si l'on a compté que les instituteurs primaires du Conseil supérieur de l'Instruction publique opineraient généralement de leur bonnet dans le sens des gros, — ce qui est parfaitement humain, — de qui a-t-on prétendu se moquer, d'eux, de nous, ou du Conseil?

Or les professeurs, qui ont beaucoup de qualités, ne laissent pas d'avoir aussi quelques défauts, dont le principal n'est sans doute pas d'aimer passionnément l'objet de leurs études, — c'est au contraire là leur grande vertu! — mais ils lui attribuent de surcroît je ne sais quelle valeur éminente et unique. Je me prendrai bravement pour exemple. Si j'avais l'honneur de faire actuellement partie du Conseil supérieur de l'Instruction publique, je sens très bien que j'y plaiderais la cause de l'histoire de la littérature... et de l'évolution des genres. Je ne pourrais m'empêcher de réclamer pour elles une large place dans les programmes; et, en y songeant, j'ai quelque idée qu'on me l'accorderait, si je consentais de mon côté à laisser augmenter celle de la physique ou de la chimie. Je soutiendrais qu'il n'y a pas d'instruction complète sans un peu d'histoire naturelle, et, comme on ne saurait parfaitement connaître Corneille sans avoir lu La Calprenède, je demanderais l'inscription de *Cassandre* au programme. C'est un roman en douze tomes. Que répondrais-je, après cela, si l'on me proposait d'y inscrire un peu de droit grec ou de chimie organique? C'est bien ainsi que, d'année en année, nos programmes se sont allongés, alourdis, compliqués. L'historien plaidait la cause de l'histoire; le jurisconsulte ou le médecin celle du droit ou de la médecine; ils la gagnaient; — et finalement tout le monde y perdait. C'est pourquoi je suis convaincu que, si le Conseil supérieur de l'Instruction publique était autrement composé, je veux bien qu'il ne le fût pas d'hommes plus « compétents », mais il le serait de plusieurs sortes d'hommes, et l'instruction n'en irait pas plus mal, mais l'éducation en irait beaucoup mieux (1).

(1) Encore une fois on ne conçoit pas que nos militaires ou nos marins, généraux ou amiraux, que nos magistrats ou nos administrateurs, conseillers à la cour de cassation ou conseillers d'État, que nos évêques ou nos ingénieurs ne soient pas admis, *comme tels*,

Et si le caractère de l'instruction était moins « utilitaire » ou moins « professionnel », croyez-vous par hasard que l'éducation y perdît? Vous rappelez-vous les *Temps difficiles*, de Dickens, — lequel assurément n'était pas un aristocrate, — et son personnage de Thomas Gradgrind? « Thomas Gradgrind, Monsieur, l'homme des faits, l'homme des réalités, l'homme qui procède d'après le principe : deux et deux font quatre, et rien de plus, et qu'aucun raisonnement n'amènera jamais à concéder une fraction en sus! Thomas Gradgrind, Monsieur, avec une règle et des balances, et une table de multiplication dans la poche, Monsieur, toujours prêt à mesurer ou à peser le premier colis humain venu, et à vous en donner exactement la jauge... En toutes choses vous devez vous laisser guider et gouverner par les faits. Vous ne marchez pas en fait sur des fleurs : donc on ne saurait

à faire partie du Conseil supérieur de l'enseignement public et à donner leur avis sur la composition des programmes scolaires ou sur les conditions d'examen.

vous permettre de les fouler aux pieds sur un tapis. Vous ne voyez pas que les oiseaux ou les papillons des pays lointains viennent se percher sur vos assiettes : donc on ne saurait vous permettre de peindre sur nos faïences des papillons ou des oiseaux étrangers. Vous ne rencontrez jamais un quadrupède se promenant du haut en bas d'un mur, donc vous ne devez pas représenter des quadrupèdes sur vos murs. » Il m'a toujours semblé que, dans leur forme humoristique, et même un peu caricaturale, ces propos exprimaient et raillaient assez heureusement quelques-uns des moindres dangers d'une instruction uniquement utilitaire et professionnelle. De quelque manière qu'elle puisse être donnée, l'instruction professionnelle aura toujours contre elle d'être essentiellement particulière, et en conséquence de n'être pas... générale, ou vraiment humaine, comme on disait jadis : *humaniores litteræ!*

N'aurais-je pas beau jeu de faire à cette occasion la brève apologie des idées générales, et de répondre à tant de bons plaisants qui n'ont l'air ni d'en soupçonner la véritable origine, ni de savoir quelle en est la valeur dans l'éducation (1)? Ils les confondent avec

(1) C'est ici la part de nos érudits dans la désorganisation de l'instruction publique. Au lieu de « *l'honnête homme* » que l'ancienne éducation se proposait de former; à qui ses maîtres s'efforçaient de donner « des clartés de tout »; qui ne mettait point d'« enseigne »; et qui, grâce à cette espèce d'universalité même, ne se trouvait inégal à aucune des situations où les hasards de la vie le plaçaient, les érudits se sont donné pour objet de former de prétendus « spécialistes », qui n'en sont point, parce que l'on ne saurait être un spécialiste à vingt ans ni même à vingt-cinq, mais qui portent des œillères et d'ailleurs, pour s'être imposé de ne regarder que droit devant eux, n'en voient ni plus loin, ni même, si je l'ose dire, plus droit. C'est que, je ne sais comment, ils ont confondu les *idées générales* avec les *idées communes* ou les *idées banales*, lesquelles en diffèrent autant, selon le mot de Pascal, que « le *chien*, constellation céleste, diffère du *chien*, animal aboyant ».

Mais s'ils voulaient savoir ce que c'est qu'une *idée générale*, ce n'est pas à un professeur de rhétorique ou à un philosophe de profession que je les renverrais, c'est à un savant, c'est à Claude Bernard et à son *Introduction à la Médecine expérimentale*, un livre

les idées vagues ou banales; et ils ne voient pas que tous, tant que nous sommes, c'est par elles seulement, c'est par les idées générales

que je ne me repens pas d'avoir comparé au *Discours de la Méthode* et qui, dans le secret des laboratoires, n'a certainement pas exercé moins d'influence que l'opuscule de Descartes sur la direction de la pensée de son temps.

On connaît le mot du grand physiologiste à l'un de ses élèves qui lui soumettait une consciencieuse et savante monographie de je ne sais quel animal. « Voilà qui va bien, lui disait-il, et ce travail vous fait le plus grand honneur! mais, je vous prie, qu'en resterait-il si par hasard l'animal que vous y avez étudié n'existait pas? » Je voudrais qu'on inscrivît la devise au fronton de nos établissements d'instruction secondaire. Ce qui est important, ce n'est pas d'avoir lu l'*Iliade* ou l'*Odyssée*, de connaître Cicéron ou Tacite, et ce n'est pas non plus d'avoir appris l'histoire des Carolingiens ou la théorie de la circulation du sang, mais c'est ce qui *reste* de les avoir étudiés; c'est la curiosité d'esprit dont ils ont été l'occasion ou l'origine; ce sont les comparaisons, et par suite les réflexions qu'ils ont suscitées dans l'intelligence d'un lycéen du dix-neuvième siècle. Voilà le vrai profit d'une instruction libérale, et voilà ce que j'entends sous le nom d'*idées générales*. On ne les obtient que par comparaison, et elles ne s'enrichissent que du nombre, de la diversité, de l'éque nous sortons de nous-mêmes; que nous nous dégageons de notre spécialité professionnelle; que nous nous élevons au-dessus de notre condition d'un jour. C'est grâce à elles que nos idées particulières, — celles que nous tenons de notre hérédité, celles que nous tirons de notre expérience, — réussissent à s'ordonner, et comme à s'organiser en une vivante conception de notre temps, de l'homme et du monde. C'est à elles que nous devons, selon la vive et spirituelle expression de Pascal, de ne pas nous prendre les uns les autres pour des « propositions » ou des théorèmes de géo-

tendue de nos expériences personnelles. La seule précaution que l'on doive prendre contre elles, c'est donc de ne les considérer en tout temps que comme provisoires, parce que notre expérience ne saurait jamais être adéquate à la réalité. Mais les proscrire de l'enseignement, comme on l'a voulu faire; y substituer, avec le Gradgrind de Dickens, *des faits* et encore *des faits*, la seule chose, dit-il avec aplomb, dont on ait besoin ici-bas; c'est vouloir réduire l'enseignement à l'enseignement « professionnel » — et c'est ce qu'ont fait nos érudits.

métrie. C'est par elles enfin que nous communiquons les uns avec les autres, et en ce sens il faut convenir qu'elles sont le lien de la société. Nos idées particulières nous divisent; nos idées générales nous rapprochent et nous réunissent. N'est-ce pas assez dire quelle en est l'importance dans l'éducation, si même l'éducation ne consiste pour une grande part à opérer la transformation de nos idées particulières en idées générales (1)? Car nos idées

(1) Humani generis mores tibi nosse volenti
Sufficit una domus...

C'est ce que Montaigne, après Juvénal, a exprimé d'une autre manière en disant que *chacun de nous portait en soi la forme de l'humaine condition;* et, de l'en dégager, c'est justement le problème de l'éducation. Il n'y a parmi nous que très peu d'hommes, on le sait bien, dont les traits réalisent la perfection du type ou de l'espèce, je veux dire qui soient conformes de tout point, non pas même à l'image idéale que le sculpteur ou le peintre en ont fixée sur la toile ou dans le marbre, mais à la définition que l'anatomiste ou le physiologiste en donnent. Pareillement, les mêmes objets ou les mêmes faits, à la rencontre, éveillent chez nous des manières de penser ou de

particulières, c'est nous, c'est ce qu'il y a de plus individuel et, par conséquent, de plus excentrique en nous; mais nos idées géné-

sentir qui ont raison, et d'autres, pour ainsi parler, qui ont tort.

> Le cœur humain de qui, le cœur humain de quoi?
> Quand le diable y serait, j'ai mon cœur humain, moi!

C'est ce qu'on répète avec le poète, et on ne saurait se tromper davantage. Un dyspeptique pourrait en dire autant! Il a son estomac, aussi lui! mais son estomac fonctionne mal ou irrégulièrement, d'une manière qui diffère de la bonne : aussi voyez comme il se fait soigner! Dans la mesure donc où nous sommes affectés par les mêmes objets, les uns d'une manière normale et les autres d'une manière anormale, l'éducation s'efforce de ramener ou de réduire la seconde à la première. Ou encore, elle se propose de déterminer le type de l'*humaine condition* et de procurer à chacun de nous les moyens de s'y conformer ou d'y tendre. Mais comment y parviendrait-elle, sinon par l'intermédiaire des *idées générales*, et comment créerait-elle à tous les hommes une âme à peu près commune? Il nous faut soumettre quelque chose de nous-mêmes à une vérité conçue comme antérieure, comme extérieure, comme supérieure à nous; et c'est de cette vérité que les idées générales s'efforcent d'être l'expression.

rales, c'est ce qu'il y a de vraiment humain en nous, et, par conséquent, c'est en nous ce qu'il y a de vraiment social.

On ne saurait donc trop mettre nos éducateurs en garde contre les dangers de l'instruction « professionnelle » ; ou du moins on ne saurait trop leur conseiller, pour la donner, d'attendre que l'éducation générale de l'enfant ou du jeune homme soit faite. « Spécialiser » l'enfant de trop bonne heure, c'est le priver, eussent pu dire les anciens, « de la moitié de son âme ; » et nous dirons, nous, que, — sans qu'il s'en doute, sans que les familles ou les maîtres eux-mêmes s'en aperçoivent peut-être, — c'est l'enfermer dans sa condition. Nous lui procurons les moyens de s'élever jusqu'à un certain degré de l'échelle sociale, et puis, nous ne les lui retirons pas, non ! ce serait trop dire ; mais, avec notre instruction professionnelle, nous arrêtons brusquement l'essor de son ambition. Nous le parquons dans un métier. Nous le marquons pour être ajusteur ou mécanicien. Nous le dressons, nous ne le formons pas. Nous sacrifions à un avantage apparent, et combien passager! comme celui d'abréger la durée de l'instruction, ou de le mettre en état de gagner plus tôt sa journée d'ouvrier, les vrais intérêts du jeune homme lui-même et ceux de la société (1)... Ne

(1) On croit avoir fait merveille en multipliant les *Écoles professionnelles*, et je ne veux certes pas nier ou méconnaître les grands services qu'elles ont rendus et qu'elles rendront encore. Je me demande cependant quelquefois à quelle intention on les a fondées, et dans quel intérêt, ou plutôt dans l'intérêt de qui?

Lorsque l'on a décrété, chez nous et ailleurs, *l'obligation de l'instruction*, on en a eu bien des raisons, dont la plupart sautent d'abord aux yeux; mais, parmi ces raisons, si la moins apparente et la moins publiquement exprimée n'a pas été peut-être la moins forte, je veux dire si l'on s'est proposé d'obliger l'égoïsme des parens à faire pour les enfans ce qu'il n'aurait pas fait, ce qu'il ne faisait pas spontanément, ne se pourrait-il pas que les *Écoles professionnelles* allassent contre ce but? Au sortir de l'école primaire, entre douze ou treize ans, à qui est-il avantageux que l'enfant, incapable encore de discerner ses propres aptitudes, devienne un *relieur* ou un *mécanicien?* A lui sans doute, je le veux bien, mais aussi et surtout à ceux qui l'ont en charge! Le plus tôt et le plus

le verrons-nous pas enfin? et que, si l'instruction est assurément un bienfait, ce ne peut être que dans la mesure où l'éducation la précède, la soutient en quelque manière, et la préserve contre ses propres excès?

promptement possible il s'agit de le mettre en état de gagner sa vie. C'est ce qui nous empêche d'approuver sans réserve la multiplication des *Écoles professionnelles*. Il en faut, mais je crains qu'elles ne s'ouvrent trop tôt à la jeunesse des deux sexes. Et, n'estimant pas d'ailleurs que l'idéal d'une nation soit d'être un peuple de contremaîtres, je crains qu'il n'y ait quelque hypocrisie sociale, lâchons le mot, à provoquer, par la diffusion de l'instruction générale, des ambitions à qui, dès qu'elles sont en âge de se manifester, l'éducation technique vient couper brutalement les ailes.

III

Quel remède à ces maux? et comment nous y prendrons-nous « pour rendre une âme à l'école », — c'est depuis quelque temps l'expression à la mode, — ou seulement, et comme on l'a dit avec moins d'emphase, « pour faire du collège un lieu d'enseignement moral? » J'ai des raisons, qu'on vient de voir, de joindre ensemble ici ce qui regarde le collège et ce qui regarde l'école. Conseillerons-nous aux maîtres d'*hypnotiser* l'élève indocile (1)?

(1) Voyez dans le livre de Guyau : *Éducation et Hérédité*, le chapitre intitulé *la Suggestion et l'Éducation comme modificateurs de l'instinct moral*. Il y a d'ailleurs sur ce sujet un petit livre entier d'un professeur de philosophie.

J'ajouterai là-dessus qu'en la matière, comme en tant d'autres ,on joue sur le mot de *suggestion*, que l'on

Il y en a qui l'ont fait! Ou bien encore imiterons-nous un haut fonctionnaire de l'instruction publique? C'est très sérieusement qu'il proposait, l'année dernière, à une assemblée réunie tout exprès, de chercher avec lui sous quel pseudonyme on pourrait réintroduire « le nommé Dieu » dans les écoles; et, comme il craignait sans doute que quelque conseiller municipal ou quelque député n'éventât l'artifice, il demandait que ce pseudonyme, assez transparent pour les enfants, ne le fût pas pour M. Camille Pelletan ou pour M. Lavy. C'était faire trop peu d'estime de nos con-

prend tour à tour comme synonyme de *persuasion*, qui est en effet le sens qu'il a dans la langue courante, ou comme expression d'un phénomène pathologique. Dans le second cas, il est bien évident que l'on ne saurait sérieusement prétendre faire servir une maladie nerveuse au développement du bon sens et de la raison; mais dans le premier cas, il est plus évident encore que tout au monde n'est que suggestion! La mère *suggestionne* son fils, le maître *suggestionne* son élève, le chef *suggestionne* le soldat; et moi qui écris, je *suggestionne* le lecteur à qui j'ai le bonheur de faire partager mon avis.

seillers municipaux et de nos députés. La discussion fut longue : les plus timides hasardèrent l'*Idéal* ou l'*Au delà;* de plus hardis, ou de plus naïfs, proposèrent *le Père;* et finalement on se sépara sans avoir rien décidé... Je crois rêver moi-même en écrivant ces choses, et nous préserve l'*Idéal* ou l'*Au delà* d'un semblable remède! C'est par la grande porte qu'il faut que Dieu rentre dans les écoles, et si quelqu'un croit aujourd'hui ne pouvoir plus s'en passer, il faut qu'il nous le dise, — et qu'on le sache (1)!

D'autres moyens, plus francs, seraient peut-être aussi d'une application plus facile, mais surtout plus prochaine ; et, par exemple, puisque ce sont les mères qui forment les enfants, on pourrait essayer de refaire l'éducation de la femme. Nous ne sommes pas les ennemis des lycées de jeunes filles, ni, généralement, de tout ce que l'on a fait, depuis une vingtaine d'années, pour amélio-

(1) Ai-je besoin de dire que cette anecdote est absolument authentique, et n'a rien d'un apologue?

rer la condition de la femme, en lui donnant les moyens de se suffire à elle-même. Aussi bien nous souvenons-nous d'avoir jadis défendu les « précieuses » contre les plaisanteries des Moliéristes endurcis, et nous convenons volontiers que, si les « pédantes » sont insupportables, les sottes n'en sont pas pour cela d'un plus agréable commerce (1). Mais,

(1) A la vérité, comme on aurait pu se dispenser de mettre un lycée de garçons sous l'invocation de Voltaire, qui n'est pas toujours un fort bon modèle, on eût fait preuve de bon goût en ne plaçant pas tel de nos lycées de jeunes filles sous le patronage de Molière, l'un des hommes qui, en toute occasion, ont le plus grossièrement parlé de la femme et bafoué chez elle toute intention d'être quelque chose de plus que la compagne un peu servile de ses Arnolphe ou de ses Chrysalde. Mais enfin, d'une manière générale, nous ne pouvons désapprouver ce que l'on a fait de nos jours pour constituer et développer l'enseignement secondaire des jeunes filles. Les programmes en sont trop chargés, de trop de superfluités, et il ne paraît pas qu'aucun principe ait déterminé le choix des matières qui s'y trouvent inscrites. Comme les garçons, on s'est plutôt préoccupé d'*instruire* que d'*élever* les filles. Mais il n'importe! Les exagérations finiront par tom-

puisque les femmes doivent être un jour des mères, et que, comme on l'a dit fortement, « la nature ne fait jamais une mère qu'elle ne fasse en même temps une nourrice, » nous devons, nous, toujours nous souvenir que le mot de « nourriture » a longtemps été synonyme d'éducation, — et je crains que nos programmes ne l'aient quelquefois oublié. Je voudrais me tromper, et que l'on me montrât clairement mon erreur. Mais les programmes de nos lycées de jeunes filles diffèrent-ils assez des programmes de nos lycées de garçons? On y enseigne presque les mêmes matières, et sans doute selon les mêmes méthodes. Garçons et filles, ce sont de même, ou à peu près, les mêmes examens qu'ils passent, et devant les mêmes juges. Si cependant il n'est rien dont on fasse plus de plaintes que de l'ennuyeuse uniformité qui

ber d'elles-mêmes, et il restera que, pas plus que de l'éducation des hommes, l'État moderne ne saurait entièrement se désintéresser de l'éducation des femmes.

gouverne notre système entier d'instruction publique, ne pourrait-on pas commencer par diversifier un peu ce que les programmes des lycées de jeunes filles ont de trop semblable encore à ceux des lycées de garçons? et que risquerait-on d'en tenter l'entreprise? Je ne doute pas qu'elle n'eût d'heureux résultats, si le principe en était qu'à titre de mères, les femmes sont avant tout les éducatrices de la génération future. C'est aussi bien le principe de toutes les faveurs dont nous voyons que les lois ont comme entouré le mariage; et ainsi les vrais intérêts, les intérêts essentiels de la femme comme femme, se trouveraient concorder avec ceux de la société (1). Quand on voudra vraiment « réformer » nos lycées de garçons, il faudra commencer par « réformer » nos lycées de jeunes filles.

C'est alors seulement qu'on examinera s'il

(1) Et, à ce propos, dans un temps où l'on parle beaucoup de la femme nouvelle et où les journaux nous entretiennent volontiers de la « crise du mariage » ne se trouvera-t-il pas quelqu'un qui dise, et qui mon-

y a lieu de supprimer les internats; et, pour quelques inconvénients qu'ils présentent ou quelques dangers même, peut-être alors s'apercevra-t-on qu'ils ne laissent pas d'avoir quelques avantages (1). Je n'en retiendrai

tre aux femmes que le « mariage » n'a été inventé que dans leur intérêt?

(1) Il en est de la question de l'*internat* comme de la question du *baccalauréat*, et si nous les agitons depuis un quart de siècle sans réussir à les résoudre, c'est que nous n'y voyons que des questions *pédagogiques*, tandis que ce sont des questions *sociales*. Par exemple, il ne s'agit pas de savoir s'il vaudrait mieux que l'enfant vécût le plus possible dans la famille, ce qui est d'ailleurs discutable, mais s'il y peut vivre dans les conditions de notre société moderne; et personne ne nie que l'internat, d'une manière générale, offre de grands inconvénients, mais le tout est de savoir s'il n'a pas aussi des avantages.

Quelques hommes de lettres, — qui ont fait de la *littérature* avec leurs souvenirs d'internat, et qui ne pardonnent pas à leurs maîtres ou à leurs condisciples de les avoir méconnus, — nous ont donné de leur temps de pension des tableaux vraiment tragiques. Tel fut entre autres ce Maxime du Camp, en qui fermentaient toutes les passions du plus violent des révolutionnaires, et que l'aisance qu'il avait héritée de sa famille a

qu'un. Dans une société comme la nôtre, où tant de souvenirs du passé se mêlent, pour les contrarier, aux exigences de la démocratie fu-

peut-être seule préservé de jouer, au lieu du sien, le rôle d'un Vallès. Mais, s'il m'est permis de me mettre moi-même en scène, ce sont des souvenirs tout différents que j'ai gardés de mon temps d'internat, et si je ne puis assurément pas dire que j'y songe avec plaisir, je n'en ai du moins emporté ni gardé de rancune. Que prouvent d'ailleurs mes *impressions?* Rien du tout, absolument rien, non plus que celles de Maxime du Camp ou de tout autre adversaire de l'internat. Mais ce qu'il faut examiner, c'est : 1° s'il est bon que l'enfant demeure soumis jusqu'à l'âge d'homme à l'influence unique de la famille; 2° si l'existence des lycées d'internes n'est pas comme liée à certaines particularités de structure de la société française; et 3° si l'on a des moyens *actuels* de remplacer les internats.

1° Sur le premier point, je suis entièrement de l'avis de Fichte, dans un de ces *Discours* que j'ai déjà cités. Et encore je ne veux rien dire de certaines familles, où l'enfant, comme on le sait, n'a que les plus tristes exemples sous les yeux. Mais la famille, comme telle, bourgeoise ou aristocratique, la famille est égoïste, comme l'individu lui-même; et si l'on attend d'elle qu'elle développe chez l'enfant ce que Comte appelait les *instincts altruistes,* — ou, comme nous disons

ture, les internats sont peut-être la meilleure école d'égalité qu'il y ait. C'est ce qui peut suffire à justifier la Révolution et l'Empire de

aujourd'hui, le sentiment de la solidarité sociale, — on attendra longtemps. Je ne puis donc trouver mauvais qu'il y ait des moyens de dépayser en quelque sorte l'enfant ; de le mettre de bonne heure à même de comprendre et d'éprouver que son pouvoir n'est pas la mesure de ses droits ; de l'obliger de compter enfin avec les autres, et de subordonner quelque chose de lui-même à une autre loi que celle de son intérêt personnel. Du moment que l'on accepte le principe de l'éducation par l'État, l'internat s'ensuit tout naturellement, et, je le répète, dans une démocratie il me paraît difficile de repousser ce principe. « Existe-t-il un État, — s'écriait Fichte en 1813, — qui doute aujourd'hui de son droit à forcer les citoyens au service militaire, et à enlever, pour ce service, les enfans à leurs parens, que parens et enfans le veuillent ou non ? » Et cependant, ajoute-t-il : « Forcer un jeune homme à adopter longtemps un genre de vie antipathique, c'est provoquer des conséquences bien autrement graves pour sa moralité, sa santé et les conditions de sa vie à venir. Au contraire, cette contrainte salutaire qui, l'éducation une fois achevée, rend à chacun son entière liberté, ne peut avoir que les plus salutaires conséquences. » C'est un Allemand qui parle ; et tel Anglais que l'on pourrait nommer, Matthew Arnold,

les avoir organisés. Ce que les grandes guerres du commencement de ce siècle ont fait pour fondre ensemble, dans une indivisible unité,

par exemple, a tenu plus d'une fois presque le même langage.

2° Un philosophe français s'est avisé d'un autre argument : « Si l'État, a-t-il dit, supprimait aujourd'hui l'internat, *il aurait d'abord à redouter la concurrence des pensionnats cléricaux* » ; et, faut-il l'avouer? ce *d'abord* me laisse froid. Si les *pensionnats cléricaux* donnent une meilleure éducation et une instruction plus solide que nos internas, mon opinion est bien simple : envoyons nos enfants dans les *pensionnats cléricaux!* Le bon Guyau parle mieux quand il fait observer que, « pour les petits bourgeois de province le seul moyen ou le plus simple de faire instruire leurs fils sans de trop lourds sacrifices est l'internat ». De quel droit en effet priverions-nous du bienfait d'une instruction supérieure, les enfans dont les parens ne peuvent pas dépenser annuellement les six ou sept mille francs que coûte l'éducation tant vantée d'Harrow ou de Rugby? Si le hasard d'une profession qui est mon gagne-pain et celui de ma famille m'a comme interné moi-même dans une petite ville, faudra-t-il que mes enfans en souffrent? et, sous couleur des dangers de l'internat, les condamnerez-vous à demeurer dans la condition de leur père ou à tomber dans une condition

l'ancienne France et la nouvelle, nos internats l'ont fait à leur manière, depuis quatre-vingts ans, et ils le font encore tous les jours. Ils

encore inférieure? Percepteur à Manosque ou directeur des postes dans un canton perdu de la basse Bretagne, si j'ai deux fils à élever, m'en refuserez-vous les moyens? Qu'y aurait-il de plus « antidémocratique? » et, comme le dit encore très bien Guyau, si faute d'internats « l'instruction publique, au lieu d'être un service d'État, devenait une spéculation privée, « quel avantage y verrait-on? L'instruction coûterait plus cher; et pour savoir ce qu'elle serait, et la surveillance, et la moralité, puisqu'on nous rebat les oreilles des exemples de l'Angleterre, lisez donc ou relisez *David Copperfield*, par exemple, ou *Nicolas Nickleby*.

3° Car c'est là qu'il en faut venir : si l'on supprimait demain l'internat, comment et par quoi le remplacerait-on? C'est ce que ses adversaires ont généralement oublié de nous dire, et le fait est qu'ils n'en savent rien. Quand approche pour nos écoliers l'époque des vacances, qui est aussi celle des examens, nous entendons répéter tous les ans, avec une ironie qui voudrait être amère, « qu'une moitié de la France est occupée à faire passer des examens à l'autre ». Voudrait-on par hasard qu'une moitié de la France n'employât désormais son année, comme on dit familièrement, qu'à « vendre de la soupe à l'autre »? C'est ainsi que les choses, nous dit-on, se passent en Allemagne ou ailleurs. Mais, en

atténuent les différences que le hasard de la naissance et celui de la fortune ont pu mettre entre les hommes. Ils apprennent à l'enfant que sa puissance ou son « caprice » ne sont pas la mesure de ses droits. Ils usent, pour ainsi parler, les aspérités naturelles des caractères. Ils impriment profondément en nous la marque de l'esprit national. Et quand après cela j'entends qu'on leur reproche ce qu'ils ont de trop militaire, — et qui n'est qu'une affaire de tuniques et de tambours, — pourquoi ne souhaiterais-je pas que le reproche fût en effet mérité? Si nous faisions vraiment

vérité, pour ne pas savoir ce que le fait seul d'avoir des « pensionnaires » enlève à un professeur de considération auprès des parens de ses élèves, et d'autorité sur ses élèves eux-mêmes, il faudrait ne pas connaître les Français. Que si cependant on ne propose rien, si l'on n'a rien à mettre à la place de nos « internats », que signifient ces déclamations ? à quoi riment-elles ? et qu'en attend-on, que le plaisir désastreux d'avoir jeté la défaveur sur une institution que l'on continue d'être obligé de subir? C'est un plaisir en tout cas très peu philosophique!

au collège l'apprentissage des vertus morales du soldat, quel mal y verrait-on? Nous ne formerons jamais trop tôt les hommes à la discipline et à l'abnégation. Et si c'est là, si ce pourrait être l'un des grands bienfaits de l'internat, cette seule raison me suffirait pour en combattre la suppression. Voyons les choses comme elles sont : les dangers de l'internat ne sont pas plus grands que ceux du « militarisme » ; — et, cependant, nous faut-il des armées?

La question en soulève une autre, — qui est celle des « maîtres d'études, » — et à laquelle, si l'on était sage, on n'attacherait pas moins d'importance en matière d'éducation qu'on n'en accorde en matière d'organisation militaire à la « question des sous-officiers ». Je veux dire par là qu'au lycée comme au régiment, ce qu'il est presque le plus nécessaire, — mais aussi le plus difficile d'assurer, — c'est le recrutement, la valeur, et la solidité des « cadres ». Qui des deux est le plus rare, d'un bon adjudant ou d'un brillant officier? Je n'ose en décider. Mais un excellent maître d'études est sans aucun doute plus difficile à rencontrer qu'un brillant professeur. C'est que le professeur, après tout, pour briller, n'a tout uniment qu'à courir sa carrière : il n'a qu'à se développer dans le sens de ses aptitudes. Rien de tel que d'aimer passionnément l'histoire pour la bien apprendre, et par suite, pour l'enseigner d'une manière qui passionne à son tour! Au contraire, ce que nous demandons aux maîtres d'études n'est rien de moins que l'une des formes les plus pénibles du dévouement. Il faudrait le savoir et les traiter en conséquence. « Voulez-vous de bons cadres,— écrivait-on il y a quinze ou seize ans, — élevez-les à la hauteur d'une institution, sachez y intéresser l'opinion publique. Surtout, grandissez vos sous-officiers devant le public, devant l'armée, et devant eux-mêmes. » Ainsi s'exprimait, il y a bien des années déjà, le général Trochu. C'est précisément ce que nous dirons des maîtres d'études. Eux non plus, leur situation n'est ce qu'elle devrait être ni à leurs propres yeux, ni dans l'Université, ni surtout devant le public. Quoi qu'on ait fait pour eux, on ne les considère pas comme une « institution », mais comme un expédient, — dont encore on ne cache pas que l'on serait bien aise de pouvoir se passer (1). L'administration ne semble avoir senti ni ce que pourrait être la grandeur de leur rôle, ni quelle en est l'importance actuelle. Eux-mêmes ne voient dans leurs fonctions qu'un moyen d'en sortir, et ils ont bien raison, s'il n'y en a guère de plus ingrates. Mais il en pourrait être autrement, et que faudrait-

(1) Peut-être même ne le cache-t-on pas assez, et non seulement dans la conversation, mais dans des occasions presque officielles accorde-t-on trop volontiers que l'enseignement libre aurait à cet égard, sur celui de l'État, une supériorité marquée. Il faut apprécier cette franchise ! Mais si pourtant elle ne nous servait qu'à nous excuser de persister dans notre routine et comme à rejeter sur la force des choses notre résolution de ne rien changer à rien, ce serait alors autre chose. Il n'y a rien de plus commun que de se faire de l'aveu de son vice une raison d'y persévérer !

il pour cela? Que l'on comprît, que l'on aidât, que l'on provoquât l'influence de tous les moments qu'ils exerceront sur les enfants, — quand on le voudra (1).

Et nous nous occuperons enfin des professeurs, qu'à la vérité nous n'accablerons point des lourds écrits de Basedow ou des exemples de Pestalozzi ; dont nous ne ferons point des pédagogues ni des « philantropinistes ; » mais à qui nous nous contenterons de rappeler que, si l'on est — comment dirai-je? propriétaire ou clubman, — on n'est pas professeur pour soi (2). Nous leur dirons que leur

(1) Nous disons « quand on le voudra » ; et en effet, pour n'en indiquer aujourd'hui qu'un moyen, si les trois quarts des situations de censeur et de proviseur étaient réservées aux *maîtres d'études*, quel mal y verrait-on? quel obstacle? et qui doute que leur condition en fût aussitôt relevée? Mais qui ne voit qu'il suffirait de le vouloir pour le pouvoir. La mesure serait si naturelle, et si simple à prendre, que c'est justement pour cela qu'on ne la prendra pas.

(2) C'est effectivement là le grand point : *Le métier de professeur n'est pas tout à fait un métier comme un autre*, et le fondateur de l'Université de France,

« métier » n'est pas un métier » comme un autre, mais qu'ils ont contracté, rien qu'en le choisissant, un engagement de conscience, auquel donc ils ne sauraient manquer sans une espèce de forfaiture. Nous ajouterons qu'ayant pris vraiment charge d'âmes, on ne leur demande point de se transformer en prédicateurs perpétuels de morale, mais ils n'oublieront jamais ce que la moindre de leurs paroles peut remuer de fâcheux dans l'esprit de leurs élèves. Comme d'ailleurs ce n'est pas à propos du carré de l'hypoténuse

on le sait, en était si convaincu qu'il eût volontiers imposé le célibat et la vie en commun, si j'ai bonne mémoire, à ses fonctionnaires. Nous ne demandons pas qu'on aille jusque-là. Mais, ce que nous pouvons exiger de nos professeurs, — et pour peu qu'ils aient vraiment la vocation, ce qu'il sera facile d'obtenir d'eux, — c'est qu'ils songent à leurs élèves avant de songer à eux-mêmes ; c'est qu'ils ne leur donnent pas l'exemple de se moquer de ce qu'ils leur enseignent ; c'est qu'ils se souviennent enfin de ce mot de Joubert, que le vrai pédantisme dans un professeur est précisément la crainte de paraître pédant. Avons-nous besoin pour cela de Basedow ou de Pestalozzi ?

ou de la formation des doublets dans la langue française, qu'ils auront lieu d'appliquer ces conseils, nous essaierons de rendre à l'éducation « littéraire » quelque chose au moins de son ancien prestige. Et si l'on se récrie sur ce mot, si l'on nous accuse de vouloir former des « rhéteurs » et des « beaux esprits », nous nous moquerons des clameurs ; nous prendrons nous-même l'offensive ; et nous répondrons en montrant quelques-uns des dangers d'une éducation purement « scientifique ».

Ils sont nombreux et ils sont graves.

Qui donc reprochait à Auguste Comte de n'avoir jamais connu ni seulement entrevu « l'infinie variété de ce fond multiple, fuyant, capricieux et insaisissable qui est la nature humaine? » C'est Ernest Renan. Il ajoutait encore : « M. Comte croit bien comme nous qu'un jour la science donnera un symbole à l'humanité ; *mais la science qu'il a en vue est celle des Descartes, des Galilée, des Newton*... L'Évangile, la poésie, n'auraient plus ce jour-là rien à faire. » Il disait aussi :

« M. Comte croit *que l'humanité se nourrit exclusivement de science*, que dis-je? de petits bouts de phrase comme les théorèmes de géométrie, de formules arides! » Et je sais bien que Renan n'était pas un savant, ni même un esprit scientifique. Si je l'avais pu croire, ses meilleurs amis, ses plus sûrs confidents se seraient chargés de me détromper! Ainsi tombent nos illusions (1)! Non, Renan n'était pas un savant, et il n'avait pas le droit

(1) Qui donc à ce propos m'a reproché d'emprunter ces citations de Renan au premier de ses livres, à cet *Avenir de la science*, qu'il avait cru devoir garder vingt-cinq ans, ou même un peu plus, sous une triple serrure? Mais d'abord, s'il ne l'a pas publié plus tôt, c'est qu'il en avait utilisé les fragments dans de nombreux écrits, notamment dans la préface de ses premières *Études d'histoire religieuse* ou dans sa lettre à M. Berthelot sur l'*Avenir de la science;* et d'autre part, je ne sache pas qu'il en ait rien rétracté ni surtout désavoué. Le *Credo* de Renan, — qui n'eut rien d'un sceptique, — a été fixé de bonne heure, et sa laborieuse existence n'a été employée qu'à en développer les articles.

Je suis d'ailleurs heureux, je le répète, qu'on ait refusé de le reconnaître pour « savant »; et ainsi que

de parler au nom de la science. Voilà qui est, comme l'on dit, désormais acquis au débat, et je ne suis pas fâché, pour ma part, d'avoir obtenu cet aveu. Ce qui n'empêche, après cela, que lorsqu'il signalait ce premier danger d'une éducation purement scientifique, il avait raison, et, sur ce point au moins, je partage entièrement son avis.

Vérités métaphysiques, vérités morales, vérités historiques, esthétiques ou critiques, si je puis ainsi dire, il y a des vérités que les méthodes scientifiques ne peuvent pas atteindre; et, encore une fois, je le répète, pourquoi faut-il que ce soient justement les vérités qui nous intéressent ou qui nous importent le plus? Définissons exactement les termes : il n'y a de science à proprement parler que de ce qui se compte ou de ce qui se pèse; et ainsi, tout ce qui ne se pèse pas, tout ce qui ne se compte point, n'étant pas du domaine de la « science », la critique ou l'his-

l'on ait rayé du nombre des « sciences » la linguistique, la philologie et la critique.

toire ne sont pas des « sciences ». Leur objet cependant, ou leur matière, si l'on veut, n'en existe pas moins, n'en est pas moins une réalité tout aussi substantielle, et en tout cas plus « humaine » que la matière de la physique ou de la chimie même. Je ne pense pas avoir à le prouver. Pour les vérités morales, nous aurons beau nous inspirer de l'histoire naturelle ou de la physiologie, nous ne tirerons pas de la « nature », ni par conséquent de la « science », un atome de dévouement (1). Et quant aux vérités métaphysiques ou, si vous l'aimez mieux, quant à cette inquiétude, cette angoisse de l'inconnaissable, dont

(1) C'est ce que j'ai tâché de montrer, par un exemple particulier, dans cet article que j'ai cité, sur *la Moralité de la doctrine évolutive*.

La nature est « immorale »; et la « moralité » ne consiste précisément pour l'homme qu'à se tirer de la nature; ou encore, selon le mot de Spinosa (qu'il faut retourner contre lui) le progrès lui-même ne consiste que dans l'effort que nous faisons pour organiser le règne humain dans la nature « comme un Empire dans un Empire ».

la « science » se raille, ou qu'elle nie, ce doute fécond, qui est le titre d'honneur ou de noblesse de l'humanité, si vous voulez savoir ce que c'est qu'une civilisation sans métaphysique, étudiez la Chine! L'angoisse métaphysique n'a jamais tourmenté les fils de Confucius, mais aussi ce sont les Chinois!

Je dis donc que le grand danger d'une éducation purement scientifique est, avant tout, dans son indifférence ou dans son incompétence à l'égard de ces vérités.

...Quæ
Desperat tractata nitescere posse, relinquit!

Elle néglige, — quand elle ne se donne pas des airs de le dédaigner, — tout ce qui échappe nécessairement à ses prises. Elle le relègue au pays des chimères ou du rêve. Et pour perfectionner l'esprit humain, elle commence par le mutiler (1)!

(1) Il semble heureusement que l'on commence à le comprendre; et nous assistons depuis quelques années à une véritable renaissance de l'idéalisme. Je me propose de montrer un de ces jours qu'au contraire de ce que l'on croit encore généralement, cette re-

Elle se met alors en devoir, — le plus innocemment du monde, mais aussi le plus sûrement, — de le rétrécir ; et sans doute c'est un autre danger. Si « le grand progrès de la réflexion moderne a été de substituer la catégorie du devenir à la catégorie de l'être, la conception du relatif à la conception de l'absolu, le mouvement à l'immobilité », c'est en effet ce que beaucoup de nos savants ignorent ; et l'on vient de voir pourquoi leur éducation purement scientifique était d'ailleurs incapable de le leur enseigner. Géomètres ou physiciens, chimistes ou physiologistes, ils raisonnent dans l'absolu, et fondés qu'ils sont sur un déterminisme dont ils ne comprennent pas toujours le sens, ils croient, comme l'on dit, plus ferme que roc, à l'objectivité, à la nécessité, à l'éternité de leurs lois. « Avant la fistule et après la fis-

naissance n'a rien que de tout à fait conforme à l'enseignement d'Auguste Comte ; que même elle en procède ; et que ce n'est pas la faute du philosophe si d'infidèles disciples ont mutilé sa doctrine.

tule » : c'est ainsi que Michelet divisait le règne de Louis XIV! « Avant la science et après ou depuis la science » : c'est ainsi qu'à leur tour les savants ne reconnaissent que deux époques dans l'histoire de l'humanité : la première et la seconde, la première qui fut celle de l'ignorance, et la seconde qui est celle de la certitude. « C'est un fait (1) ! » les entend-

(1) Royer-Collard aimait à dire qu'il n'y a rien de plus méprisable qu'un fait, et par hasard, je le redirais volontiers avec lui.

Mais ce qui est plus intéressant et plus instructif encore, c'est de se demander ce que c'est qu'un « fait », et, dans son *Introduction à la Médecine expérimentale*, que je ne saurais me lasser de citer, Claude Bernard a montré combien de fois la « science » avait pris pour des « faits » ce qui n'en était point. Par exemple, c'était un « fait » avant lui que le venin du crapaud, qui empoisonnait la grenouille, n'empoisonnait pas le crapaud, et sur cette indemnité du crapaud à l'égard de son propre venin, le savant Vulpian avait édifié toute une théorie. Mais Claude Bernard, en doublant la dose, empoisonna parfaitement le crapaud, et le « fait » cessa d'en être un. Telle est la nature de beaucoup de « faits » prétendus scientifiques. Toute leur réalité ne consiste souvent que dans la malaon dire, et quand ils le disent, ils oublient ce mot si profond et si vrai « que si l'expérimentateur doit soumettre ses idées au critérium des faits, on ne saurait admettre qu'il y soumette sa raison: car alors il éteindrait le flambeau de son seul critérium intérieur, et il tomberait nécessairement dans le domaine de l'occulte et du merveilleux. » La phrase est de Claude Bernard. Mais, parce qu'ils manquent du sentiment ou du sens de la relativité des faits, beaucoup de savants manquent d'esprit critique, et manquant d'esprit critique, leur confiance en eux-mêmes n'a trop souvent d'égale que leur crédulité (1). C'est une

dresse, ou dans l'étourderie de l'observateur, mais ils n'en passent pas moins pour « faits » jusqu'à ce qu'on en ait démontré l'inexistence; et, en attendant, il faut voir de quel air les « savants » traitent ceux qui ne les admettent que jusqu'à preuve du contraire.

(1) C'est Cicéron qui a dit « qu'on ne connaissait aucune absurdité qui n'eût été soutenue par quelque philosophe »; et pareillement, on ne connaît guère d'énormité scientifique qui n'ait été crue par quelque savant. Ne sont-ce pas des savans qui ont condamné Galilée? C'était du moins « la science » alors que de croire

suite comme inévitable de l'éducation purement scientifique. Elle déshabitue les esprits du doute ; et le catholique le plus convaincu des vérités de sa religion n'y croit pas plus obstinément que le savant à l'infaillibilité de ses expériences ou de ses calculs. N'avons-nous donc tant attaqué la « superstition » que pour la déplacer? et n'aurions-nous brûlé les anciens dieux que pour en adorer, sur de nouveaux autels, de nouveaux et de plus tyranniques?

Car l'intolérance est fille de l'étroitesse d'esprit. Nous autres, — beaux esprits ou rhéteurs, historiens ou littérateurs, — quand nous avons une opinion sur l'évolution du droit romain ou sur les origines de la féodalité, sur la formation de la langue française ou sur les caractères du romantisme, nous sommes toujours prêts à la corriger ou à en

à l'immobilité de la terre; et comme je le dis plus loin, n'est-ce pas au nom de la science que les adversaires de Pasteur l'ont si longtemps persécuté? Que fût-il advenu de lui si le docteur Peter eut été grand inquisiteur?

changer, pourvu qu'on nous en donne de bonnes et valables raisons. Mais les savants, — j'ai grand soin, comme on le voit, de ne pas dire la « science », et de ne parler pas comme si la science était représentée par les savants, — la plupart des savants n'admettent pas que l'on discute leurs conclusions, ni seulement qu'on les critique. J'en appelle pour preuve à la fureur d'opposition que soulèvent parmi eux tous les novateurs! Ceux qui n'ont à la bouche aujourd'hui que les grands noms de Claude Bernard, de Darwin, et de Pasteur, n'oublient en effet que de nous dire, lorsqu'ils les prononcent avec tant d'emphase, ce que Pasteur, Darwin, et Claude Bernard ont dû dépenser de courage et de génie pour triompher des prétendues certitudes que leur opposaient les savants de leur temps. Lisez plutôt le livre étonnant que Flourens, il n'y a pas quarante ans, écrivait sous le titre d'*Examen du livre de M. Darwin sur l'origine des Espèces* (1). C'était au nom

(1) Je ne connais qu'un autre monument dont on

de la science et des faits qu'il parlait, comme encore, et plus récemment, l'illustre professeur Peter, quand il s'acharnait à nier les découvertes de Pasteur. Et quelle indulgence, aussi bien, voulez-vous que témoignent à l'erreur, — comme ils l'appellent, — des gens qui se croient en possession de la certitude, des moyens de la démontrer, et du pouvoir ou du droit de l'imposer? Les contredire ou leur résister, ce n'est pas manquer seulement d'esprit scientifique, mais c'est s'inscrire en faux contre la vérité même! Ils en ont reçu le dépôt, et, plutôt que de le trahir, ils le défendront de toutes les manières, *quibuscumque viis*, ce qui est bien, si je ne me trompe, la formule de l'intolérance (1). Autre danger de l'éducation purement scien-

puisse égaler l'air d'impertinente confiance en soi-même à celui qui caractérise le livre de Flourens, et c'est le fameux discours de M. Thiers, où il démontrait avec des argumens d'ingénieur, l'*impossibilité* du fonctionnement des chemins de fer.

(1) On me l'a fait savoir en propres termes, *totidem verbis;* et qui répondra qu'un de ces jours nous ne

tifique! Les grands savants, les vrais savants, qui se la donnent à eux-mêmes, ont quelquefois l'art d'en éviter les dangers, mais ils n'en transmettent pas toujours le secret à leurs élèves, et, en attendant, elle encourage, elle favorise, elle nourrit chez les demi-savants l'esprit d'intolérance et d'orgueil. « On ne discute pas avec les catholiques, ni avec les spiritualistes, » écrivait hier même l'un d'entre eux, demi-physiologiste et demi-psychologue; et Calvin ni Torquemada n'auraient pu certainement mieux dire; — et croyez qu'il ne s'en doutait pas (1)!

Pour toutes ces raisons, — et bien d'autres encore que l'on pourrait ajouter, — si l'on veut faire du collège « un lieu d'enseignement moral » ou « rendre une âme à l'école, » il convient donc et avant tout qu'à

verrons pas instituer une espèce de « Tribunal révolutionnaire » pour juger tous ceux de nous qui n'auront pas traité la Science assez respectueusement?

(1) J'avais des raisons pour ne pas le nommer ailleurs : je n'en ai plus ici de ne pas dire que ce demi-savant est M. Théodule Ribot.

tous les degrés de l'enseignement secondaire et primaire, on mesure, et qu'on dose, avec infiniment de prudence et de tact, la part beaucoup trop considérable de l'instruction scientifique. Je ne parle pas, bien entendu, de l'enseignement supérieur. Mais ni l'enfance ni la jeunesse ne sont capables de porter l'ivresse dont la science étourdit d'abord ses néophytes, et c'est affaire à la maturité. Comme d'ailleurs il importe aux intérêts de la science qu'elle soit toujours en mouvement, il faut elle-même qu'elle prenne garde à ne pas créer dans les esprits des préjugés qui s'opposeraient plus tard à son progrès. Où sont aujourd'hui la physique, la chimie, la physiologie d'il y a trente ans seulement, et qu'en connaissons-nous pour les avoir étudiées au collège, et depuis oubliées? Précisément ce qu'il en faut pour nous défier de leurs découvertes récentes, y résister d'abord, et trop souvent n'y rien comprendre. Et enfin, et surtout, dans la rapidité de la vie contemporaine, le temps que nous ne retrouverons plus de contracter des habitudes morales et sociales, il est urgent de le reconquérir sur celui que, pendant la jeunesse, on donne de trop à l'éducation scientifique.

Car toutes ces mesures seront vaines si l'on ne s'applique pas à faire pénétrer dans les esprits, et comme à y graver profondément, ces belles paroles de Lamennais : « La société humaine est fondée sur le don mutuel ou le sacrifice de l'homme à l'homme, ou de chaque homme à tous les hommes, et le sacrifice est l'essence de toute vraie société. » C'est ce que nous avons désappris depuis tantôt un siècle, et s'il faut nous remettre à l'école, c'est pour le rapprendre. Pas de société sans cela, ni d'éducation, si, comme nous avons essayé de le montrer, l'éducation doit former l'homme pour la société. L'individualisme, voilà de nos jours l'ennemi de l'éducation, comme il l'est de l'ordre social. Il ne l'a pas toujours été mais il l'est devenu. Il ne le sera pas toujours, mais il l'est. Et, sans travailler à le détruire, — ce qui serait tomber d'un excès dans un autre, — voilà pourquoi durant de longues années encore, tout ce qu'on voudra faire pour la famille, pour la société, pour l'éducation, comme pour la patrie, c'est contre l'individualisme qu'il faudra qu'on le fasse (1).

(1) On m'a répondu là-dessus que je confondais l'*individualisme* et l'*égoïsme,* qui sont, à ce qu'il paraît, deux choses bien différentes ; et encore a-t-on été bien modeste ou bien bon de ne pas dire deux choses absolument contraires! Mais, pour ma part, je persiste à les croire « germains », comme on disait jadis; et je n'ai peut-être écrit les pages que l'on vient de lire qu'à dessein de prouver qu'ils le sont et de quelle manière. Nous ne périssons présentement que de ne songer qu'à nous ! Et encore une fois, je n'entends point donner par là des leçons d' « abnégation » ou de « dévouement ». Je ne prêche pas l'esprit de « sainteté ». Ce n'est pas mon métier! Non! mais je veux dire et je dis tout simplement que « l'égoïsme tue l'égoïste » — c'est encore une formule de Fichte — et qu'à ne se soucier soi-même que de son propre intérêt on détruit l'une après l'autre les conditions qui lui seraient nécessaires pour se réaliser. Voilà l'idée qu'il faudrait s'efforcer de faire entrer dans les esprits. Et voilà l'idée que l'on n'y fera certainement pas pénétrer aussi longtemps que l'éducation et l'instruction continueront de se contrarier.

APPENDICE [1].

Mes chers amis,

Vous venez d'entendre d'excellents, de généreux et d'éloquents conseils. Ceux d'entre vous qui assistaient hier à la distribution des prix du Concours général n'en ont entendu ni de moins généreux, ni de moins éloquents, ni de très différents. Si ce sont un peu les mêmes sur lesquels je vais insister à mon tour, je ne m'en excuserai point. Puisque nous faisons tous les mêmes expériences, il faut bien après tout que nous finissions par en

(1) Discours prononcé le 31 juillet 1894 à la distribution des prix du lycée Lakanal.

tirer les mêmes leçons; l'humanité ne vit pas de paradoxes; et la dernière crainte que doivent ressentir ceux qui pensent que la parole est une forme de l'action, c'est la crainte de se répéter.

Vous allez entrer dans la vie, et votre curiosité, provoquée par le nombre et la diversité des objets que lui proposera le spectacle du monde, va vouloir d'abord tout connaître et tout éprouver. Rien de plus naturel! Mais, en courant ainsi de découverte en découverte, défendez-vous des séductions du dilettantisme; n'allez pas croire que la vie, que la science, que l'art même nous aient été donnés uniquement pour en jouir; et, tâchez de comprendre le plus de choses que vous pourrez, mais, au plaisir de les comprendre, ne sacrifiez jamais l'obligation de les juger. Car il est bien possible, — et vous l'entendrez assez dire, — que, d'un point de vue très élevé, mais d'ailleurs inaccessible à notre infirmité, du point de vue de Saturne ou de

Jupiter, de Sirius ou d'Aldébaran, tous nos plaisirs comme toutes nos opinions se valent. Je consens également que toutes nos vérités, destinées à périr avec nous, ne soient que la projection de nos rêves dans l'infini de l'espace et du temps. Mais, ce qui n'est pas moins certain, ce qui l'est même davantage, c'est que nous sommes hommes; et, pour cette raison, toutes nos œuvres, comme tous nos actes, ne sauraient être considérés que du point de vue de la Terre et de l'humanité.

C'est de ce point de vue, mes amis, que le dilettantisme a quelque chose de dangereux, d'immoral ou de criminel même. Oui, sans doute, on le croirait d'abord inoffensif! et, en effet, de s'intéresser presque également à tout, d'en cueillir négligemment la fleur, de la respirer, d'en parfumer son existence, qu'y a-t-il de plus élégant? Beautés de la nature, plaisirs légers du monde, singularités de l'histoire ou de la psychologie, joies austères de la science, voluptés plus sensuelles de l'art, qu'y a-t-il de plus intelligent, ou de plus intellectuel, que de les vouloir goûter tour à tour ou ensemble? Et celui-là ne serait-il pas un barbare, en vérité, qui prétendrait nous l'interdire, un fanatique ou un « bourgeois »? C'est la suprême injure, vous le savez, qu'aujourd'hui comme il y a cinquante ans, les dilettantes nous lancent; et ce que c'est qu'un bourgeois pour eux, je vais vous le dire, si vous l'ignorez. Un bourgeois est un homme qui distingue entre ses plaisirs.

Quelle n'est pas cependant leur erreur, si cette distinction qu'ils refusent de faire est le fondement inébranlable de toute esthétique et de toute moralité! Je ne vous parle pas des plaisirs grossiers qui nous rappellent, comme ceux du manger ou du boire, à la bassesse de notre origine. Mais, — vos maîtres vous l'ont appris, — vous n'avez pas le droit, pour une foule de raisons, nous n'avons pas le droit de prendre le même plaisir aux inepties qui se hurlent dans des cafés-concerts, et aux chefs-d'œuvre du génie de Lamartine et d'Hugo. S'il y a de prétendues formes de l'art qui n'en soient que la dérision, comme le vaudeville ou comme la caricature, nous nous jugeons nous-mêmes quand nous égalons les Labiche aux Molière. Nous ne nous jugeons pas seulement, nous trahissons la cause du bon goût quand nous en prenons la dépravation pour le raffinement. Mais, comme quelques-uns, quand nous nous composons, — avec la faiblesse ou l'ignorance de nos semblables, avec leurs souffrances ou leur corruption, — je ne sais quelles voluptés plus savantes, plus subtiles et plus irritantes, alors, mes amis, faites-y bien attention, ce n'est plus seulement de goût que nous manquons, c'est de cœur! Nous éveillons alors le Lovelace ou le Néron qui sommeille au fond de tout dilettante. Et nous manquons enfin d'humanité, quand, uniquement soucieux de nos plaisirs, — fussent-ils même de l'espèce la plus haute, — nous nous faisons insolemment le tout, ou pour mieux dire le centre et l'ombilic du monde.

Là en effet est le grand danger. Le dilettantisme n'est qu'un nom plus spécieux dont on masque habilement l'égoïsme intellectuel. Vous le verrez bientôt ! Le monde est plein de gens qui croient que leur intelligence ou leur science leur ont été données pour eux ; pour en user au gré de leurs caprices, quand ce n'est pas dans l'intérêt des plus vulgaires ambitions ; pour s'en servir comme d'une arme offensive dans ce qu'ils appellent le combat de la vie. Je ne sache guère de pire erreur, dont les conséquences menacent d'être plus funestes ; ou plutôt, si vous cherchez les causes du désordre moral dont nous souffrons depuis plus d'un siècle, c'est là que vous les trouverez, dans cette apothéose de l'individu ; et si votre fortune veut un jour que vous en triomphiez, je vous le signale, voilà l'ennemi !

Pour le vaincre, vous vous souviendrez, en travaillant à vous perfectionner vous-même, que « l'humanité se compose en tout temps, selon le beau mot du philosophe, de plus de morts que de vivants (1) » ; et que, pour ce motif, à tous ceux qui nous ont précédés, qui nous ont faits ce que nous sommes, dont le sang coule encore dans nos veines, nous devons le pieux hommage de notre reconnaissance... et de notre modestie. O morts illustres ! morts vénérés, morts aimés, qui vous reposez des agitations de la vie dans la paix de la gloire ou dans le calme profond du néant, nous ne vous oublierons pas ! ni vous, morts plus obscurs et quelquefois plus chéris, dont la tâche, moins éclatante, n'a pas été moins utile, si vous avez d'âge en âge comme renouvelé la continuité de la famille et de la patrie ! Nous respecterons en vous la mémoire du passé ; nous ne croirons pas être les seuls hommes ; nous ne nous moquerons pas imprudemment de vos préjugés ; nous ne nous imaginerons pas que l'originalité consiste à différer de la tradition ; nous comprendrons qu'elle ne s'y ajoute, pour la modifier, qu'à

(1) Auguste Comte.

la condition de s'en engendrer; nous ne dilapiderons pas le patrimoine que nous tenons de vous! Mais en vivant avec votre souvenir et en repassant votre longue histoire, nous songerons de quel prix vous avez payé tout ce qui fait l'honneur, la parure, et l'orgueil de notre civilisation!

Nous songerons aussi que c'est peu de chose qu'un homme en comparaison de l'humanité. Et nos idées alors, mais surtout nos opinions, n'auront plus pour nous l'importance que, dans la joie première de la découverte, nous étions tentés de leur attribuer. Nous ne nous croirons plus la mesure de toutes choses (1). Nous nous rendrons

(1) On peut donner de cette formule célèbre deux interprétations presque contradictoires, et que par conséquent il faut bien distinguer l'un de l'autre. Quand ils disent que « l'homme est la mesure de toutes choses » quelques sceptiques entendent donc que chacun de nous est le seul juge de la vérité de ce qu'il croit ou de la beauté de ce qu'il aime, et en effet c'est ce qu'il semble bien qu'ait voulu dire Protagoras. Mais on peut entendre également que si l'homme est

compte que, personne n'étant exclu de la recherche de la vérité, personne donc aussi ne saurait en revendiquer le monopole ou la propriété.

Mancipio nulli datur, sed omnibus usu.

Nous n'en sommes que les usufruitiers, mais le domaine en appartient à l'humanité tout entière, et nous ne le détenons qu'à charge de l'améliorer.

C'est encore pourquoi nous sommes également comptables, à tous ceux qui nous entourent, de l'emploi de nos forces et de notre intelligence. Nous ne sommes pas nés pour nous, mais pour la société ; et avant d'être nos maîtres, nous sommes les serviteurs de la patrie et de l'humanité. L'homme de la nature n'est vraiment qu'une fiction ; c'est l'homme social seul qui existe ; et ce qu'il y a de plus humain en lui, c'est justement ce

la mesure de toutes choses, cela veut dire qu'il ne connaît de la nature que ce qu'elle a de rapports avec lui, avec son humanité, et avec ce qui nous caractérise dans nos traits les plus généraux.

qui le distingue, ce qui le sépare, ce qui l'isole de la nature. Quand l'égoïsme serait donc la loi de la nature entière, il ne la serait pas pour cela de l'humanité. Si la guerre de tous contre tous était, comme on l'a cru, la condition normale de l'animalité, c'est pour cette raison même qu'elle ne saurait être la nôtre. Et si la faiblesse est partout ailleurs opprimée par la force, nous n'avons développé l'institution sociale que pour fonder le droit de la faiblesse. Aussi, toutes les fois que nous abusons de notre intelligence, manquons-nous à la loi de notre espèce, et nous abusons de notre intelligence toutes les fois que nous n'en usons que dans notre intérêt.

« La société humaine est, en effet, fondée sur le don mutuel ou sur le sacrifice de l'homme à l'homme ou de chaque homme à tous les hommes, et le dévouement est l'essence de toute vraie société (1). » A mesure que nous comprenons donc, ou que nous

(1) Lamennais.

savons plus de choses, et qu'ainsi nous disposons d'un pouvoir plus étendu, ce ne sont pas nos droits qui augmentent, ce sont nos obligations. Bien loin, comme ils le croient, d'être investis d'un privilège qui les dispenserait du devoir commun des autres hommes, l'artiste ou le savant sont tenus envers la société d'un devoir plus étroit. Dépositaires, ou, si je l'ose ainsi dire, consignataires de la science et de l'art, ils ne peuvent pas les détourner de leur destination naturelle, qui est de libérer l'homme des tyrannies de la nature, ou d'étendre et de fortifier les liens de la solidarité qui nous lie. Et quiconque l'ignore ou le méconnaît, il peut bien être un peintre ou un poète habile et savant, un profond philologue ou un chimiste illustre, que sais-je encore? mais croyez, mes amis, qu'il n'est pas un grand esprit, ni une âme généreuse, — ni peut-être seulement un homme.

Si nous nous devons à nos contemporains, ai-je besoin d'ajouter maintenant que nous ne nous devons pas moins à ceux qui viendront après nous? et malheureusement, c'est ce que l'on oublie trop souvent de nos jours. Où en serions-nous cependant si nos pères, uniquement préoccupés de la culture de leur Moi, n'avaient hypothéqué, pour ainsi dire, à l'avenir, le meilleur de leur intelligence et de leur activité? « Souviens-toi, écrivait une mère à son fils, que depuis le commencement du monde, ceux qui n'ont travaillé que pour leur propre renommée ou leur propre ambition sont des hommes qui ont fait un emploi coupable de leurs grandes qualités. Ceux qui n'ont songé qu'à leurs plaisirs sont des brutes (1). » Retenons, mes amis, ces fortes paroles, et formons-nous-en comme une règle de la vie.

Quel est le père qui ne travaille pas à écarter du chemin de ses enfants les obstacles contre lesquels il a failli se briser lui-même, et dont le rêve ne soit, en leur rendant la tâche plus facile, de la leur rendre en même

(1) George Sand.

temps plus noble, plus dégagée de la matière, plus conforme à sa destination?

> Mes arrière-neveux me devront cet ombrage,

disait le vieillard de la fable; et, en effet, qui sème un gland, il le sait bien, ce n'est pas lui qui verra le chêne s'épanouir un jour dans l'orgueil de sa frondaison! Ainsi nous faut-il user de l'intelligence et de la science, pour contribuer à leur propre progrès, non à notre fortune, et — sans nous flatter d'espérances qui ne sauraient convenir à la médiocrité de notre nature, — pour épargner à ceux qui nous suivront quelques-unes de nos épreuves, de nos erreurs, ou de nos fautes. Les générations passent, mais l'humanité demeure, ou plutôt c'est à elle qu'appartient la réalité de l'existence, et nous ne vivons, à vrai dire, que pour en assurer la continuité.

Quand vous l'aurez bien compris, mes amis, vous aurez triomphé de cette indifférence que j'entends parfois reprocher à la jeunesse contemporaine. Dans le désarroi des doctrines et dans la confusion des idées, vous ne savez, dit-on, où vous prendre, à qui croire, ni à quoi; — et je suis sûr que l'on vous calomnie! Ceux-là seuls manquent de foi qui se sont enfermés en eux-mêmes, et le scepticisme n'est en effet que l'aboutissement logique de l'égoïsme intellectuel. On finit inévitablement par ne plus croire à rien, quand on s'est fait un jeu d'abord, puis un vice de ne croire qu'en soi. Vous ne seriez pas de votre âge, si vous en étiez déjà là.

Mais que croirez-vous? Car enfin, ni nous ne croyons comme nous le voulons, ni nous ne croyons ce que nous voulons, mais seulement ce que nous pouvons. Je réponds que c'est ce qui n'est pas prouvé, que notre foi ne soit pas dans notre dépendance! et peut-être sommes-nous les maîtres de notre croyance dans la mesure exacte où nous le sommes de notre volonté. Ainsi du moins l'ont pensé un Pascal ou un Kant. Mais si nous n'avions pas le courage de les suivre, qui donc a décidé qu'en cessant d'exprimer l'adhésion du fidèle aux enseignements de la religion, les mots de croyance et de foi. comme une écorce creuse, se videraient brusquement de toute espèce de sens et de vertu? Ce qu'à Dieu ne plaise! Quand nous ne croirions plus ni à la religion, ni à la philosophie, ni même à la science, il resterait encore que, n'ayant en notre puissance ni le commencement, ni le terme de notre existence, nous serions toujours obligés de croire à quelque chose qui nous dépasse. Nous sommes environnés de mystère, et, au dedans même de nous, rien ne se passe qui s'explique de soi. Qu'est-ce que la vie? Qu'est-ce que la mort? Nous ne le savons pas, nous ne le saurons jamais; et c'en est assez pour nous assurer que notre existence, n'ayant pas en elle sa raison d'être ou son sens, n'y saurait donc avoir ni son objet, ni sa fin, ni sa règle (1).

(1) N'a-t-on pas toujours tort de n'être pas compris? Mais il y a des gens qui font exprès de ne pas vous comprendre. C'est évidemment le cas de ceux qui ont cru voir une contradiction entre ces paroles et

Cette métaphysique vous paraît-elle cependant trop haute, ou trop douteuse, ou trop arbitraire encore ? Contentons-nous donc, en ce cas, des certitudes que nous donne l'histoire, et si d'autres hommes nous ont précédés, si d'autres hommes nous suivront ; si toute une part de nous-mêmes n'est en nous que l'héritage d'un long passé ; si nous n'existons que dans la société ; si chacun de nous a besoin pour développer sa personnalité du secours ou du concours de tous les autres hommes ; si nous sentons confusément l'avenir se préparer en nous, que faut-il davantage? Puisqu'il n'en faut pas plus pour nous révéler en nous autre chose que nous-mêmes, il n'en faut pas plus pour nous arracher au culte de nous-mêmes ; *et hæc est victoria, quæ vincit mundum, fides nostra!* La véritable foi, celle qui vaincra l'é-

la tendance d'un article de la *Revue des Deux Mondes*, où, pour me servir d'une expression devenue proverbiale, je me suis efforcé de montrer que « le péril n'était pas à droite ».

goïsme et qui nous communiquera la fièvre généreuse de l'action, c'est la foi de l'individu dans les destinées de l'espèce, et quoi que les sceptiques en disent, n'est-il pas vrai que le passé nous est ici garant de l'avenir?

Car ils n'ont pas eu d'autre foi, les grands peuples qui remplissent l'histoire, ni tant de grands hommes qui demeurent les héros de l'humanité! Ce ne sont pas leurs dieux, ce n'est pas leur Bacchus ou leur Aphrodite, ce n'est point Apollon ni Minerve qui ont instruit les Grecs « à regarder leur famille comme une partie d'un plus grand corps, qui était le corps de l'État », ou « la patrie, comme une mère commune, à qui ils appartenaient plus encore qu'à leurs parents » (1); et au contraire, vous le savez, le plus sage de leurs philosophes est celui qu'ils ont fait ou laissé périr comme en étant le plus impie. Ce ne sont pas leurs dieux qui ont guidé les Romains à la conquête du monde, ni qui leur ont dicté

(1) Bossuet.

leurs codes; mais, du fond de leur Italie, pour étendre invinciblement la domination de leurs armes jusqu'aux extrémités de l'univers connu, ils n'ont pas eu besoin d'une autre foi que celle qu'ils avaient mise dans la grandeur de leurs destinées.

Quels autres exemples vous rappellerai-je encore? Celui de la Révolution française, dont on a si bien dit qu'étant sortie toute entière des doctrines de l'*Encyclopédie*, son caractère le moins extraordinaire n'était pas d'avoir agi, de s'être propagée dans le monde à la façon d'une révolution religieuse? ou l'exemple de Napoléon, le plus agissant de tous les hommes, et assurément le moins curieux qu'il y ait eu de nos fins dernières, le plus dégagé, je ne dis pas de toute croyance, mais de toute préoccupation philosophique? Croyons donc ce que nous pouvons, mais croyons quelque chose, puisque nous savons, puisque vous voyez qu'il n'en faut pas davantage pour agir. A défaut d'une autre croyance, faisons-nous une foi de ce besoin d'action qui est la loi même de l'humanité, puisqu'à vrai dire l'inaction et la mort ne sont au fond qu'une même chose. N'en obscurcissons pas l'évidence d'une métaphysique inutile,... et je ne sais, après cela, si, comme on vous le promettait, et comme je le souhaiterais, je ne sais

Si le siècle qui vient verra de grandes choses,

mais nous n'aurons du moins démérité ni de nos maîtres, ni de la France, ni de l'humanité.

www.ingramcontent.com/pod-product-compliance
Ingram Content Group UK Ltd.
Pitfield, Milton Keynes, MK11 3LW, UK
UKHW022118190726
13855UKWH00003B/925

9 782013 441322